MANUEL

DE

DROIT INTERNATIONAL

A L'USAGE

DES OFFICIERS DE L'ARMÉE DE TERRE

Ouvrage autorisé pour les écoles militaires.

PARIS

LIBRAIRIE MILITAIRE DE J. DUMAINE

IMPRIMEUR-ÉDITEUR

30, Rue et Passage Dauphine, 30

1877

MANUEL

DE

DROIT INTERNATIONAL

Paris. — Imp. J. Dumaine, 2, rue Christine.

MANUEL

DE

DROIT INTERNATIONAL

A L'USAGE

DES OFFICIERS DE L'ARMÉE DE TERRE

Ouvrage autorisé pour les écoles militaires.

PARIS

LIBRAIRIE MILITAIRE DE J. DUMAINE

IMPRIMEUR-ÉDITEUR

30, Rue et Passage Dauphine, 30

1877

TABLE PAR ORDRE DE MATIÈRES.

PREMIÈRE PARTIE

DES HOSTILITÉS.

TITRE PREMIER

DES HOSTILITÉS PROPREMENT DITES.

TITRE II

DES COMBATTANTS.

TITRE III

DES CONVENTIONS MILITAIRES.

TITRE IV

DES PRISONNIERS ET DES INTERNÉS.

SECONDE PARTIE

DE L'OCCUPATION.

TITRE PREMIER

POUVOIRS DE L'OCCUPANT.

TITRE II

DEVOIRS DE L'OCCUPANT.

TITRE III

DES PERSONNES.

TITRE IV

DES BIENS.

PREMIÈRE PARTIE

DES HOSTILITÉS.

MANUEL

DE

DROIT INTERNATIONAL.

TITRE PREMIER

DES HOSTILITÉS PROPREMENT DITES.

CHAPITRE PREMIER.

Moyens de nuire à l'ennemi.

Il n'en est pas de la guerre comme du duel, où l'égalité des armes est de règle. Chacun des belligérants se sert des engins perfectionnés dont il s'est assuré le bénéfice, et l'adversaire n'a qu'à s'en prendre à lui-même s'il est moins bien pourvu.

Cependant les lois de la guerre ne reconnaissent pas aux belligérants un pouvoir illimité quant au choix des moyens de nuire à l'ennemi. Elles en proscrivent un certain nombre, les uns, parce qu'ils constituent des actes de perfidie, les autres, parce qu'ils sont de nature à causer, sans nécessité, des souffrances ou des dommages excessifs.

1.

§ 1er. — *Moyens interdits comme perfides.*

Au plus fort de la lutte, chacun des belligérants doit pouvoir compter sur la bonne foi de son adversaire, garder la conviction que ce dernier ne fera rien de contraire au devoir et à l'honneur. Abuser de cette confiance, ce serait commettre un acte perfide et déshonorant.

La perfidie est absolument proscrite par le droit des gens.

Ce principe reçoit de nombreuses applications. En voici les principales, avec les tempéraments qu'elles comportent.

Il y a perfidie à faire usage du poison et d'armes empoisonnées, à empoisonner les sources, à propager sur le territoire ennemi des substances destinées à engendrer des maladies contagieuses. Toutefois, rien n'empêche de dessécher les sources, de détourner les rivières ou de mêler à l'eau des substances qui l'empêchent manifestement d'être potable : des actes de cette nature ne peuvent surprendre la confiance de l'ennemi, et sont de bonne guerre.

D'après le même principe, un soldat ne commettra aucun acte d'hostilité, en trompant les ennemis sur son caractère et sur ses desseins. Jamais, par exemple, il ne manifestera l'intention de se rendre pour frapper ensuite son adversaire sans défiance, et pour s'assurer lâchement un succès plus facile.

Jamais non plus il ne fera usage du drapeau parlementaire, du brassard ou du drapeau de Genève, en dehors des cas où l'emploi en est autorisé : ce sont des insignes sacrés que les deux partis ont un égal intérêt à respecter. Une moins grande réserve est commandée à l'égard du drapeau, de l'uniforme, des sonneries et des signaux de l'ennemi : les usages de la guerre permettent de s'en servir avant le combat, comme ruse de guerre, pour approcher l'adversaire ou l'attirer dans une embuscade.

Les règles du droit des gens ne tolèrent pas qu'on cherche à se débarrasser d'un ennemi en s'introduisant près de lui sous de fausses apparences pour attenter à sa vie; encore moins permettent-elles qu'on provoque son assassinat par des dons ou des promesses à des traîtres. Elles défendent aussi qu'on le déclare hors la loi, et qu'on autorise ainsi le premier venu à lui courir sus et à le tuer en toute rencontre. — Ces mêmes règles laissent, d'ailleurs, une latitude suffisante au combattant qui ne dissimule pas son caractère. Le soldat, qui se cache derrière une haie pour jeter bas d'un coup de feu un éclaireur ennemi, ne commet pas une infraction; il n'est pas non plus condamnable si, à ses risques et périls, et revêtu de son uniforme, il pénètre audacieusement dans le bivouac ennemi pour y porter la mort. La surprise, qui met en défaut la vigilance de l'adversaire, n'est pas interdite; est seule défendue la perfidie; qui trompe sa bonne foi.

§ 2e. — *Moyens interdits comme barbares.*

Le droit des gens proscrit toutes cruautés, violences ou rigueurs inutiles.

Ainsi l'on ne doit jamais frapper, blesser ni tuer un ennemi qui se rend. Du moment qu'il cesse de résister, c'est un prisonnier de guerre : à moins de rébellion ou de tentative d'évasion, on a seulement le droit de le désarmer, de le surveiller et de le mettre dans l'impossibilité de nuire. Si les hasards de la bataille lui rendent la liberté et qu'il recommence à se battre, il n'encourt aucune déchéance; vient-il à être capturé de nouveau, il ne peut être puni pour avoir repris les armes. Il ne serait répréhensible et punissable que s'il avait promis de ne pas le faire : le respect de la foi jurée à l'ennemi est de règle.

C'est donc une obligation stricte d'épargner l'ennemi qui se soumet ou qui n'a plus les moyens de se défendre. On ne doit par conséquent, en aucune circonstance, ni par mesure d'intimidation, ni par haine, ni par vengeance, déclarer par avance qu'on ne fera pas de quartier.

En principe, on ne doit ni refuser de faire de quartier, ni déclarer qu'on n'en accordera pas. Ce principe s'impose aux belligérants : aucun d'eux n'est autorisé, pour en refuser le bénéfice à son adversaire, à proclamer par avance qu'il n'acceptera pas de quartier pour lui-même. Avec de pareils procédés, la guerre ne tarderait pas à prendre un caractère sauvage que les mœurs réprouvent.

Ce ne sont pas seulement les personnes que les lois de la guerre protégent contre les rigueurs excessives ou inutiles, mais aussi les biens.

Les belligérants doivent s'abstenir de toute destruction qui n'est pas absolument nécessaire.

A ce point de vue, la civilisation impose des réserves que les temps passés n'ont pas connues. Aujourd'hui l'on n'excuserait pas un général qui ordonnerait la destruction ou le ravage d'une partie considérable du territoire ennemi ou des productions durables du sol. L'inondation de la Hollande par la rupture des digues et l'incendie du Palatinat seraient également blâmés de nos jours, les exigences momentanées de l'attaque ou de la défense ne justifiant pas l'anéantissement et la ruine d'une province.

L'emploi des huiles minérales, comme moyen de destruction, n'est pas en lui-même contraire aux lois de la guerre, si le fait de destruction est légitime. Mais il serait odieux de faire servir le pétrole à des actes de répression, de vengeance ou d'intimidation.

On doit s'interdire, comme barbare, l'emploi d'armes, de projectiles ou de matières propres à causer des souffrances inutiles. — D'après cette règle, les combattants s'abstiennent d'user, comme projectiles, de verre pilé, de balles mâchées, de grenaille métallique, de petit plomb, de flèches barbelées, de boulets contenant du verre et de la chaux, et, en général, de tout engin qui, sans exercer une influence directe sur l'issue de la lutte, a seulement pour effet de produire des blessures plus douloureuses. Cette règle s'adresse plus spécialement aux combattants organisés, qui sont munis des armes et des munitions régulières; mais personne ne s'aviserait d'infliger un blâme aux combattants improvisés qui, à défaut de balles ou de baïonnette, chargeraient leur fusil de petit plomb, ou s'improviseraient une arme avec le premier outil qui leur tomberait sous la main.

La même pensée, qui justifie la prohibition des engins propres à causer des maux superflus, a conduit les Puissances européennes à s'interdire, par un accord solennel, l'emploi de certains projectiles explosibles. Tel est l'objet de la *Déclaration de Saint-Pétersbourg*, du 11 décembre 1868, dont voici le texte :

DÉCLARATION.

« Sur la proposition du cabinet impérial de Russie, une commission militaire internationale ayant été réunie à Saint-Pétersbourg afin d'examiner la convenance d'interdire l'usage de certains projectiles en temps de guerre entre les nations civilisées, et cette commission ayant fixé, d'un

commun accord, les limites techniques où les nécessités de la guerre doivent s'arrêter devant les exigences de l'humanité, les soussignés sont autorisés, par les ordres de leurs gouvernements, à déclarer ce qui suit :

« Considérant que les progrès de la civilisation doivent avoir pour effet d'atténuer autant que possible les calamités de la guerre ;

« Que le seul but légitime que les États doivent se proposer, durant la guerre, est l'affaiblissement des forces militaires de l'ennemi ;

« Qu'à cet effet, il suffit de mettre hors de combat le plus grand nombre d'hommes possible ;

« Que ce but serait dépassé par l'emploi d'armes qui aggraveraient inutilement les souffrances des hommes mis hors de combat, ou rendraient leur mort inévitable ;

« Que l'emploi de pareilles armes serait dès lors contraire aux lois de l'humanité ;

« Les parties contractantes s'engagent à renoncer mutuellement, en cas de guerre entre elles, à l'emploi, par leurs troupes de terre ou de mer, de tout projectile d'un poids inférieur à quatre cents grammes, qui serait explosible, ou chargé de matières fulminantes ou inflammables.

« Elles inviteront tous les Etats qui n'ont pas participé, par l'envoi de délégués, aux délibérations de la commission militaire internationale réunie à Saint-Pétersbourg, à accéder au présent engagement.

« Cet engagement n'est obligatoire que pour les parties contractantes ou accédantes, en cas de guerre entre deux ou plusieurs d'entre elles ; il n'est pas applicable vis-à-vis de parties non-contractantes ou qui n'auraient pas accédé.

« Il cesserait également d'être obligatoire du moment où, dans une guerre entre parties contractantes ou accédantes, une partie non-contractante ou qui n'aurait pas accédé se joindrait à l'un des belligérants.

« Les parties contractantes ou accédantes se réservent de s'entendre ultérieurement toutes les les fois qu'une proposition précise serait formulée en vue des perfectionnements à venir que la science pourrait apporter dans l'armement des troupes, afin de maintenir les principes qu'elles ont posés et de concilier les nécessités de la guerre avec les lois de l'humanité.

« Fait à St-Pétersbourg, le $\frac{\text{29 novembre}}{\text{11 décembre}}$ 1868. »

(*Suivent les signatures des plénipotentiaires*).

Sanctionnée et promulguée en France par décret du 30 décembre 1868, cette déclaration lie entre elles les Puissances suivantes : Autriche-Hongrie, Bavière, Belgique, Danemark, France, Grande-Bretagne, Grèce, Italie, Pays-Bas, Perse, Portugal, Prusse, Etats formant l'ancienne confédération de l'Allemagne du Nord, Russie, Suède et Norwége, Suisse, Turquie, Wurtemberg. Les engagements qu'elle constate devraient donc être religieusement observés durant toute guerre qui se suivrait entre deux ou plusieurs de ces Etats.

Ajoutons, pour terminer, qu'on ne doit jamais menacer de faire usage d'un moyen interdit par les lois de la guerre. En droit pénal, la menace d'un crime constitue par elle-même, dans certains cas, un acte condamnable : il en est de même dans le droit de la guerre.

Agir par la crainte d'une rigueur défendue, alors même qu'on n'aurait pas l'intention d'y recourir, ce serait à la fois compromettre sa propre loyauté et abuser de la bonne foi de l'ennemi.

CHAPITRE II

Ruses de guerre.

La ruse est permise, pourvu qu'elle soit exempte de perfidie.

En temps de guerre, chacun des belligérants est tenu de rester constamment sur ses gardes, et sait qu'il peut s'attendre à toute espèce de surprises; il doit pouvoir seulement compter que l'adversaire sera fidèle aux engagements souscrits et aux devoirs imposés par le droit des gens. Il y aurait dès lors perfidie à user de stratagèmes combinés précisément sur une violation de ces engagements et de ces devoirs.

Des soldats se cachent dans une voiture de foin pour pénétrer dans une forteresse assiégée; un belligérant surprend les signaux de ses adversaires et s'en sert pour les attirer dans une embuscade; il les trompe (1) soit sur le nombre de ses troupes en donnant à son camp une assiette et des dimensions particulières, soit sur ses mouvements, en allumant des feux sur un point abandonné; il leur fait parvenir de fausses nouvelles, soit directement, soit par des dépêches supposées ou des journaux fabriqués, soit au moyen *d'intel-*

(1) Ordonnance du 3 mai 1832, art. 33.

ligences doubles, c'est-à-dire en s'assurant, par contrainte ou par corruption, le service des espions mêmes de l'ennemi : voilà quelques exemples de ruses permises, parce que la perfidie n'y joue aucun rôle.

Mais, demander une suspension d'armes et la rompre par surprise ; faire semblant de se rendre pour laisser approcher et fusiller de plus près les combattants opposés ; couvrir du *drapeau blanc à croix rouge* les voitures destinées au transport des munitions, des approvisionnements ou du trésor de l'armée ; désigner comme hôpital un bâtiment consacré à un service de guerre; se servir, comme observatoire, d'un édifice protégé par la convention de Genève : tous ces procédés sont contraires aux obligations résultant d'arrangements librement consentis et de la foi due à l'adversaire; ce sont des stratagèmes interdits.

On sait déjà que les usages actuels tolèrent, avant le combat, l'emploi des insignes de l'ennemi (uniformes et drapeaux), comme ruse pour l'attirer dans une embuscade ou le mieux approcher. Mais la dissimulation doit cesser au moment où l'action s'engage.

CHAPITRE III.

Siéges et bombardements.

Les lois de la guerre reconnaissent nécessairement au belligérant le droit de réduire par la force les villes ennemies qui ne se soumettent pas de plein gré; mais elles sont d'accord avec les prescriptions de l'humanité pour protéger contre la violence celles qui ne résistent pas.

Il n'y a donc pas à distinguer les *villes ouvertes* des villes fortifiées. Du moment qu'une place forte ouvre ses portes, il est interdit de la soumettre à des rigueurs inutiles. Quant aux villes ouvertes, il faut bien, si elles se défendent, recourir à une attaque, à un bombardement, à toutes les opérations de siége nécessaires pour triompher de leur résistance.

Il peut arriver que, sans résister directement, une ville soit située de telle sorte que le feu d'un fort voisin empêche l'assaillant d'y entrer et de s'y maintenir : dans ce cas, le bombardement peut être dirigé aussi bien sur la ville que sur la forteresse. Il en est autrement si nul obstacle n'est opposé à l'occupation de la ville : l'assaillant doit alors l'épargner ; il commettrait un acte odieux et condamnable s'il menaçait de la détruire, pour obliger la forteresse à ouvrir ses portes.

Avant d'attaquer ou de bloquer une place, il faut s'assurer des dispositions de ses défenseurs, et les inviter à se rendre. Cette démarche devient inutile si leur intention est manifestement indiquée par leurs actes et par leurs préparatifs de défense.

Le droit des gens n'impose pas l'obligation stricte de faire précéder d'un avertissement le bombardement d'une place assiégée. — Cependant le principal effet d'un avertissement préalable étant de donner aux assiégés la faculté de mettre à l'abri la population non valide, l'assiégeant ne doit pas, sans des motifs d'une gravité particulière, négliger l'accomplissement de ce devoir d'humanité. Il n'en tiendra pas compte, on le conçoit, s'il se propose d'enlever la place par surprise : une dénonciation préalable aurait alors pour résultat de déjouer ses combinaisons, en mettant les assiégés sur leurs gardes. Peut-être encore passera-t-il outre, s'il espère, au moyen d'un bombardement imprévu, augmenter la démoralisation commencée dans la place, et hâter ainsi la capitulation.

Le bombardement est, en général, dirigé contre les remparts et autres travaux de défense; il est alors destiné uniquement à détruire ces ouvrages, à les rendre intenables et à faciliter l'assaut.

Mais peut-il être aussi dirigé sur l'intérieur de la ville, sur les quartiers habités par la population civile? Si rigoureuse qu'elle soit, la faculté en est laissée à l'assiégeant par les usages actuels de la guerre. De tous temps, les publicistes ont lutté pour obtenir que les belligérants se fissent, en cas de bombardement, une obligation de porter exclusivement le feu sur les ouvrages de défense; ils ont fait ressortir ce qu'il y a d'immoral et d'inhumain à jeter la mort et la ruine au sein d'une population inoffensive; ils ont cité maints exemples pour démontrer que l'effet produit par de pareils procédés n'est pas celui qu'on se propose; que, loin d'en être abattue, la constance des habitants est relevée par les périls. Les gens de guerre ne se sont pas laissé convaincre : ils estiment qu'en s'enfermant dans une place assiégée, la population civile concourt à la défense, et que, par l'incendie, la ruine et l'effroi, on peut réussir à la démoraliser et à s'en faire un auxiliaire inconscient pour hâter la capitulation.

En définitive, les règles actuelles du droit de la guerre autorisent l'assiégeant à bombarder l'intérieur d'une place assiégée; mais il ne doit pas se porter à cette extrémité sans des raisons graves, et, le cas échéant, il est tenu d'user de tous les ménagements possibles.

Ces ménagements consistent surtout à prendre des mesures pour épargner les édifices consacrés aux sciences, aux arts, aux cultes et à la bienfaisance, les hôpitaux et les ambulances. A la distance où les batteries sont placées, il est souvent difficile de distinguer ces bâtiments privilégiés :

c'est à l'assiégé qu'il appartient de les désigner par une marque visible. Sur les hôpitaux et sur les ambulances, il arborera naturellement le drapeau blanc à croix rouge ; mais la Convention de Genève en ayant strictement déterminé l'emploi, il devra se servir d'un autre insigne pour les musées, les églises et les écoles.

Les édifices pour lesquels l'inviolabilité est ainsi réclamée ne doivent pas être employés accessoirement à un service de guerre, En y établissant des bureaux ou des logements militaires, des sémaphores ou des observatoires, on autoriserait l'assiégeant à ne pas tenir compte de la sauvegarde, et à témoigner, pour la suite du siége, d'une défiance justifiée.

Au commencement de ce siècle, les lois de la guerre autorisaient encore un général à promettre à ses soldats, pour exciter leur ardeur, le pillage de la ville assiégée. Il n'en est plus de même aujourd'hui : le pillage est absolument et toujours interdit ; l'assiégeant ne doit ni le promettre ni l'autoriser.

De même, il n'est plus permis, après l'assaut, de passer la garnison au fil de l'épée, pour la punir de sa résistance prolongée. Il est aussi défendu, lorsqu'on somme une place de se rendre, d'ajouter qu'en cas de refus les défenseurs n'auront pas de merci à attendre. Une pareille menace serait une violation de la règle d'après laquelle on doit faire quartier à l'ennemi qui se rend ou qui ne peut plus se défendre (Art. 210. Ordonnance du 3 mai 1832).

En principe, donc, une ville prise d'assaut ne doit être ni livrée au pillage ni soumise, à raison de sa résistance, à un traitement plus rigoureux qu'une ville non défendue.

L'assiégeant n'est pas obligé de laisser sortir la population non-combattante, que les autorités militaires de la place assiégée voudraient expulser, soit pour écarter une cause d'encombrement et de démoralisation, soit pour se débarrasser de bouches inutiles. Cependant, il fera bien d'y consentir, si les opérations du siége n'en peuvent souffrir. Le commandant de la place est, d'ailleurs, tenu de garder dans l'enceinte et d'entretenir la population civile à laquelle le passage est refusé par l'ennemi.

C'est pour l'assiégeant un droit absolu d'interdire toutes communications entre la ville assiégée et le dehors. Cette prohibition est opposable à tous, aux neutres, au corps diplomatique et consulaire étranger, aussi bien qu'aux citoyens.

CHAPITRE IV

Des représailles.

Un belligérant n'est pas dispensé d'obéir aux lois de la guerre, parce que ses adversaires en ont violé certaines prescriptions. C'est, au contraire, par l'observation scrupuleuse de ses propres devoirs qu'il arrivera le plus sûrement à maintenir ou à ramener l'ennemi dans les règles d'une lutte loyale.

Les infractions dont il croit avoir à se plaindre ne sont pas toujours établies d'une manière certaine; d'autres fois, tout en étant réellement fondées, elles sont imputables à des agents inférieurs, qui ont failli par ignorance ou par excès de zèle. Aussi la prudence veut-elle qu'il commence par dénoncer à l'ennemi les infractions signalées : il demandera que des mesures soient prises en vue d'en prévenir le retour; il provoquera une enquête et des explications; il réclamera, s'il y a lieu, des réparations.

Ce n'est que dans le cas où, les faits dûment constatés, les satisfactions et les garanties demandées seraient refusées, qu'il pourrait être légitimement fondé à recourir à des représailles.

Son but est alors d'empêcher les adversaires de persister dans un système interdit, en leur appliquant un traitement également défendu et rigoureux. Il ne doit donc jamais s'y décider par esprit de vengeance. En d'autres termes, les représailles peuvent être employées comme *moyen de coercition*, jamais comme *châtiment*.

Rien n'empêche que les actes commis à ce titre ne diffèrent de ceux qui sont reprochés à l'ennemi. Les circonstances ne permettent pas toujours de répondre à une infraction par une infraction identique; de plus, il est bon de pouvoir, à l'occasion, se borner à des mesures moins graves et par conséquent différentes.

Les représailles sont parfois la seule sanction efficace du droit de la guerre : c'est pour cela qu'elles sont tolérées. Mais elles constituent toujours par elles-mêmes une violation de ce même droit : pour cette raison on ne doit pas y avoir recours sans nécessité, et il faut en restreindre l'exercice aux mesures strictement indispensables pour assurer le résultat qu'on se propose.

Ces mesures ne doivent jamais dépasser, en rigueur, les infractions qu'il s'agit de réprimer.

Si cette règle était méconnue, les représailles produiraient souvent un résultat contraire à celui qu'on s'est proposé. Il pourrait se faire qu'elles ne fussent pas justifiées aux yeux de l'ennemi : il y répondrait alors par des infractions plus graves, et l'adversaire répliquerait à son tour en renchérissant encore. Loin d'en être adouci, le caractère de la lutte en deviendrait plus barbare.

En définitive, les représailles sont un moyen extrême que la nécessité seule excuse : il faut y apporter tout ce qui peut en diminuer la rigueur, en user avec tous les tempéraments que l'humanité suggère et que les circonstances comportent.

TITRE II

DES COMBATTANTS.

CHAPITRE PREMIER

Des belligérants.

Le droit des gens ne reconnaît pas le caractère de belligérants à tous ceux qui prennent part à la guerre : aux belligérants seuls il confère, en cas de capture, le droit d'être traités comme prisonniers de guerre. Il est donc important de déterminer les conditions auxquelles on reconnaît le belligérant.

Ni le soldat, ni l'officier n'ont à se préoccuper de cette distinction pour régler leur conduite à l'égard d'un ennemi désarmé. Que ce dernier appartienne à l'armée régulière, qu'il soit un franc-tireur, un espion surpris en flagrant délit, leur devoir est le même : ils doivent s'assurer de sa personne, et réserver aux autorités compétentes le soin de décider régulièrement de son sort. Aucune loi ne les autorise à le faire fusiller sans autre forme de procès, et le droit des gens proscrit absolument ces exécutions sommaires. Un

2.

ennemi, quel qu'il soit, peut être frappé et tué, tant qu'il combat; dès qu'il est pris ou désarmé, sa vie devient provisoirement inviolable, et, si le caractère de belligérant peut lui être contesté, il doit être renvoyé devant la juridiction instituée pour connaître de la question et décider régulièrement du traitement qu'il mérite.

En principe, la qualité de belligérant est acquise à toute personne qui combat pour son pays et se conforme aux lois de la guerre.

Parmi les belligérants reconnus figurent, en première ligne, les individus qui appartiennent soit à l'armée régulière, soit aux milices ou gardes civiques, organisées d'une façon permanente, et qui, dans certains pays, constituent l'armée nationale ou en font partie.

Il faut y joindre ceux qui appartiennent à des corps volontaires, s'ils sont sous la direction d'un chef responsable, s'ils portent les armes ouvertement, s'ils ont un signe distinctif, fixe et reconnaissable à distance, et s'ils se conforment dans leurs opérations aux lois de la guerre.

Le caractère de belligérant ne saurait être refusé non plus à la population d'un territoire non occupé qui, à l'approche des troupes d'invasion, prend spontanément les armes, sans avoir le temps ou les moyens de s'organiser.

En dehors de ces trois catégories, il peut y avoir d'autres belligérants, qui aient pris les armes pour la défense de leur pays, et se soient conformés aux lois de la guerre. Tels peuvent être, par exemple, les hommes constitués en corps francs, guérillas ou francs-tireurs : s'ils ne commettent aucune infraction, s'ils font la guerre ouvertement et s'ils sont munis d'un signe fixe et reconnaissable à distance, ils ont droit, en cas de capture, aux immunités du prisonnier de guerre.

Quant au signe distinctif des combattants, le caractère n'en saurait être spécifié par avance : ce peut être un brassard, une broderie sur le vêtement, une coiffure de forme particulière,... etc. Il suffit que l'insigne adopté permette à l'adversaire de reconnaître de loin qu'il se trouve en présence d'un combattant ennemi, bien que ce dernier n'ait pas l'uniforme réglementaire. Mais cette marque doit être *fixe*, c'est-à-dire que le porteur en doit être constamment muni d'une manière apparente. Les lois actuelles de la guerre ne tolèrent point qu'on surprenne la confiance de l'adversaire, en se faisant passer, suivant les circonstances, tantôt pour un habitant paisible qui doit être protégé, tantôt pour un ennemi qui doit être combattu. Il est donc interdit de dissimuler, à l'occasion, le signe du combattant, et la peine d'une pareille fraude n'est rien moins que la perte de la qualité de belligérant.

CHAPITRE II

Espions et traîtres.

§ 1er. *Espionnage.*

Beaucoup de gens s'imaginent qu'en temps de guerre, on a le droit de faire fusiller ou pendre sur place et sans jugement l'espion pris sur le fait. C'est une erreur. L'espion ne peut être frappé ni puni sans jugement préalable. Chacun sait avec quelle facilité les accusations d'espionnage s'élèvent à certains moments. En imposant l'obligation de juger les inculpés avant toute exécution, le droit des gens prévient les dangers et les excès qui suivraient des entraînements souvent peu fondés.

La loi française a confirmé en cette matière les prescriptions du droit international. Aux termes des articles 63, 64, 205 et suivants du Code de justice militaire, les espions sont justiciables des conseils de guerre. Aucun officier, quel que soit le commandement qu'il exerce, n'est donc autorisé à ordonner l'exécution sommaire des individus accusés ou pris en flagrant délit d'espionnage : ce serait de sa part abus de pouvoir et empiétement sur les attributions de la justice. Il lui suffit de s'assurer du prévenu et de le mettre à la disposition des autorités compétentes. Encore doit-il bien se garder de se prêter à la légère à des arrestations mal justifiées !

Le caractère essentiel de l'espionnage consiste dans la dissimulation du dessein poursuivi; ce dessein est de rechercher des renseignements pour les communiquer à l'ennemi. Pas d'espionnage sans perfidie !

De là vient qu'on ne traite jamais comme espions les militaires en uniforme, qui pénètrent ouvertement dans les lignes ennemies pour recueillir des observations utiles aux opérations de leur parti; ils sont repoussées par la force, et tués s'ils se défendent; mais, s'ils sont pris ou s'ils se rendent, ils ont droit aux immunités des prisonniers de guerre.

Au contraire, on considère comme espion tout tout individu qui, agissant clandestinement ou sous de faux prétextes, recueille ou cherche à recueillir des informations dans les localités occupées, avec l'intention de les communiquer à l'ennemi. — L'intention se présume d'après les circonstances. Ainsi, aux termes de l'art. 207 du Code de justice militaire, tout ennemi qui s'introduit, déguisé, dans une place de guerre ou dans un poste militaire, est par là même regardé comme ayant des desseins hostiles et traité en conséquence.

De plus, la loi française assimile à l'espion et punit comme tel celui qui, sciemment, recèle ou fait recéler les espions ou les ennemis envoyés à la découverte (Art. 63-64 et 206 du Code de justice militaire).

Conformément aux principes généraux du droit pénal, la *tentative d'espionnage* est considérée et punie comme le crime même.

La peine de l'espionnage est la mort.

Cependant, lorsqu'il s'agit d'individus non militaires, les juges peuvent, en cas de circonstances atténuantes, abaisser la peine. (Art. 198, Code de justice militaire. — Art. 463, Code pénal ordinaire).

Le droit des gens n'établit pas de distinction entre l'espion qui agit par patriotisme et celui qui obéit à l'intérêt ou à toute autre passion vile. Le dernier supplice leur est également applicable. Cependant, par l'admission des circonstances atténuantes, les juges ont la faculté de ne pas appliquer toujours la peine capitale. La loi leur donne ainsi le moyen de ne pas traiter avec la même rigueur le patriote qui se dévoue et le misérable qui se vend.

L'espion ne peut être poursuivi et puni que s'il est pris sur le fait. — S'agit-il d'un militaire qui a rejoint son corps après avoir fait acte d'espionnage ; s'agit-il d'un simple citoyen, qui a regagné le pays non-occupé après avoir espionné dans les localités envahies : il n'importe. Ni l'un ni l'autre ne seront inquiétés pour leurs actes antérieurs, s'ils tombent plus tard entre les mains de l'ennemi, soit pendant un combat, soit par suite de l'occupation du lieu de leur résidence.

§ 2°. — *Trahison.*

Ce n'est point ici le lieu de parler des trahisons commises sur le territoire national; les crimes de cette catégorie sont prévus par le Code de justice militaire et relèvent du droit public intérieur. Mais il convient de dire quelques mots de certaines autres infractions, qualifiées également trahisons, et commises sur le territoire ennemi par les habitants mêmes de ce territoire au préjudice des envahisseurs.

En entrant chez l'ennemi, l'occupant est naturellement amené à prendre les mesures nécessaires à la sécurité de son armée et aux opérations militaires; son premier soin notamment est d'empêcher les habitants de donner aux autorités légales des renseignements sur ses propres forces et sur ses mouvements. Les prohibitions établies à cet effet résultent si impérieusement de la nature des choses, qu'elles peuvent n'être pas expressément formulées. Chaque habitant doit savoir qu'il s'expose à être puni s'il commet sciemment quelque acte nuisible aux occupants (1). Le cas échéant, il agit à ses risques et périls. Le mobile

(1) Code de Justice militaire, Art. 63, 64, 205 et suivants combinés.

auquel il cède peut n'être pas blâmable et tenir uniquement du patriotisme; les renseignements qu'il communique ont pu lui parvenir régulièrement et sans dissimulation : ce sont là des considérations qui vaudront tout au plus comme circonstances atténuantes. Pour les envahisseurs, il y a perfidie dès qu'une personne, traitée et respectée comme non-combattante, abuse de sa situation pour seconder clandestinement les hostilités poursuivies par son gouvernement.

En droit strict, le fait seul de transmettre à l'ennemi des avis contraires aux intérêts de l'occupant est punissable comme trahison.

De même que l'espion, le traître ne doit pas être puni sans jugement préalable, et il est justiciable des conseils de guerre.

A moins de dispositions spéciales édictées par l'autorité compétente, la peine de la trahison est la mort. Cette peine peut aussi être abaissée en cas de circonstances atténuantes (1).

(1) Art. 63, 64, 205 et suiv. du Code de Justice militaire.

CHAPITRE III

Services auxiliaires de l'armée.

En campagne, les troupes sont toujours accompagnées d'un certain nombre d'auxiliaires qui ne prennent pas une part directe aux hostilités.

Les uns sont affectés au service de santé, comme les médecins, les infirmiers, les aumôniers et religieux attachés aux ambulances. Aux personnes de cette première catégorie, la Convention de Genève assure, sous certaines conditions, le privilége de l'inviolabilité (Voir le chapitre suivant).

Vient ensuite une série d'autres personnes attachées à l'armée par des titres divers, et qui contribuent au fonctionnement de ses organes. Tels sont, notamment, les officiers ou fonctionnaires chargés de l'administration de la police et de la justice (prévôts, commissaires, gendarmes et juges), les membres de l'intendance, les vivandiers, les fournisseurs, les guides, les convoyeurs, les messagers, les aérostatiers, les employés de télégraphes ou de chemins de fer, etc. Bien qu'ils ne combattent pas, ils n'en constituent pas moins des adversaires, dont l'ennemi a intérêt à supprimer l'action, puisque leur concours est utile aux combattants proprement dits. Laissés en liberté, ils ne manqueraient pas de rejoindre le drapeau national et contribueraient à prolonger la lutte. Les usages de la guerre autorisent, par suite, à s'emparer de leur personne, mais en leur attribuant dans ce cas le droit au traitement des prisonniers de guerre.

Le bénéfice de ce traitement leur est, dû, alors même qu'au moment de la capture ils ne sont pas revêtus de l'uniforme ou des insignes de leurs fonctions : il suffit qu'ils justifient de leur qualité. Mais, on le conçoit, le port de l'uniforme ou des insignes est de nature à beaucoup faciliter cette justification.

Par suite de circonstances particulières, les auxiliaires, dont il vient d'être question, peuvent se trouver, malgré eux, engagés dans un combat et obligés, pour se défendre, de tirer l'épée ou de faire le coup de feu. Ils n'en conservent pas moins le droit d'être traités comme prisonniers de guerre, s'ils sont capturés.

Messagers. — L'application aux messagers des règles qui viennent d'être posées est souvent très-délicate.

Pas de difficulté si le messager est un militaire en uniforme qui tente ouvertement de franchir les lignes ennemies pour porter une dépêche à un autre corps ! En cas de capture, le traitement du prisonnier de guerre lui est acquis sans conteste.

Il en est de même si le messager, non militaire,

accomplit ouvertement sa mission et se trouve dans de telles conditions qu'à son seul aspect les ennemis doivent comprendre le motif de sa présence et de ses démarches. Ici encore la question d'uniforme est souvent capitale. Ainsi, par l'uniforme seul, un facteur et un garde-chasse se désignent à l'attention ; en pénétrant dans les lignes, ils s'exposent au feu des factionnaires s'ils refusent de s'arrêter et de se rendre : ce sont des ennemis déclarés, à qui l'on ne refusera pas le bénéfice de belligérants.

Mais le plus souvent, c'est par ruse que procèdent les personnes qui, par patriotisme ou par intérêt, acceptent le mandat de porter des dépêches d'un camp à un autre ; loin d'afficher leurs desseins, elles font tout pour les dissimuler et se donner l'apparence d'habitants inoffensifs, voyageant pour des motifs personnels. Si elles sont arrêtées et découvertes, elles ne peuvent prétendre au traitement réservé aux prisonniers de guerre ; elles sont déférées à la justice militaire, qui décide, d'après les circonstances, si elles doivent être considérées comme espions ou traîtres.

Le sort des messagers capturés dépend donc de la question de bonne foi. S'ils n'ont rien fait pour tromper la confiance légitime de l'adversaire, ils sont traités en ennemis loyaux et considérés comme prisonniers de guerre. S'ils ont usé de perfidie, ils sont punis, après avoir été jugés, conformément à la loi.

Aérostatiers. — D'après ces principes, on doit regarder comme belligérants réguliers les individus qui partent en ballon pour transmettre des dépêches et entretenir des communications entre les parties de l'armée ou du territoire séparées par l'ennemi. Ils agissent ouvertement et sans perfidie; on peut tirer sur eux au passage : rien n'autorise, par conséquent, à les assimiler à des espions ou à des traîtres. Mais, comme ils accomplissent un acte d'hostilité en forçant les lignes ennemies par la voie aérienne, on est fondé à les garder comme prisonniers de guerre et à s'emparer de leurs correspondances.

CHAPITRE IV

Des malades et des blessés. Du personnel de santé. — Des morts.

Les questions internationales relatives soit aux malades ou blessés, soit au personnel attaché à leur service, sont réglées par la Convention de Genève et par les usages qui ont complété les clauses de cet arrangement.

La Convention de Genève a été négociée dans la ville de ce nom par les délégués de douze États européens et signée le 22 août 1864. Plusieurs autres Puissances y ont ensuite adhéré.

En voici le texte :

CONVENTION DE GENÈVE.

Du 22 août 1864.

« S. M. l'Empereur des Français, S. A. R. le Grand-Duc de Bade, S. M. le Roi des Belges, S. M. le Roi de Danemark, S. M. la Reine d'Espagne, S. A. R. le Grand-Duc de Hesse, S. M. le Roi d'Italie, S. M. le Roi des Pays-Bas, S. M. le Roi de Portugal et des Algarves, S. M. le Roi de Prusse, la Confédération Suisse, S. M. le Roi de Wurtemberg, également animés du désir d'adoucir, autant qu'il dépend d'eux, les maux inséparables de la guerre, de supprimer les rigueurs inutiles et d'améliorer le sort des militaires blessés sur le champ de bataille, ont résolu de conclure une Convention à cet effet et ont nommé pour leurs plénipotentiaires, savoir :

(Suit l'indication des plénipotentiaires).

« Lesquels, après avoir échangé leurs pouvoirs, trouvés en bonne et due forme, sont convenus des articles suivants :

« ART. 1er. — Les ambulances et les hôpitaux militaires seront reconnus neutres, et, comme tels, protégés et respectés par les belligérants, aussi longtemps qu'il s'y trouvera des malades ou des blessés.

« La neutralité cesserait, si ces ambulances ou ces hôpitaux étaient gardés par une force militaire.

« ART. 2. — Le personnel des hôpitaux et des ambulances, comprenant l'intendance, les services de santé, d'administration, de transport des blessés, ainsi que les aumôniers, participera au bénéfice de la neutralité lorsqu'il fonctionnera, et tant qu'il restera des blessés à relever ou à secourir.

« ART. 3. — Les personnes désignées dans l'article précédent pourront, même après l'occupation par l'ennemi, continuer à remplir leurs fonctions dans l'hôpital ou l'ambulance qu'elles desservent, ou se retirer pour rejoindre le corps auquel elles appartiennent.

« Dans ces circonstances, lorsque ces personnes cesseront leurs fonctions, elles seront remises aux avant-postes ennemis par les soins de l'armée occupante.

« Art. 4. — Le matériel des hôpitaux militaires demeurant soumis aux lois de la guerre, les personnes attachées à ces hôpitaux ne pourront, en se retirant, emporter que les objets qui sont leur propriété particulière.

« Dans les mêmes circonstances, au contraire, l'ambulance conservera son matériel.

« Art. 5. — Les habitants du pays qui porteront secours aux blessés seront respectés et demeureront libres.

« Les généraux des Puissances belligérantes auront pour mission de prévenir les habitants de l'appel fait à leur humanité et de la neutralité qui en sera la conséquence.

« Tout blessé recueilli et soigné dans une maison y servira de sauvegarde. L'habitant qui aura recueilli chez lui des blessés sera dispensé du logement des troupes, ainsi que d'une partie des contributions de guerre qui seraient imposées.

« Art. 6. — Les militaires blessés ou malades seront recueillis et soignés, à quelque nation qu'ils appartiendront. Les commandants en chef auront la faculté de remettre immédiatement aux avant-postes ennemis les militaires blessés pendant le combat, lorsque les circonstances le permettront et du consentement des deux partis.

« Seront renvoyés dans leur pays ceux qui, après guérison, seront reconnus incapables de servir.

« Les autres pourront être également renvoyés, à la condition de ne pas reprendre les armes pendant la durée de la guerre.

« Les évacuations, avec le personnel qui les dirige, seront couvertes par une neutralité absolue.

« Art. 7. — Un drapeau distinctif et uniforme sera adopté pour les hôpitaux, les ambulances et les évacuations. Il devra être, en toute circonstance, accompagné du drapeau national.

« Un brassard sera également admis pour le personnel neutralisé; mais la délivrance en sera laissée à l'autorité militaire.

« Le drapeau et le brassard porteront croix rouge sur fond blanc.

« Art. 8. — Les détails d'exécution de la présente Convention seront réglés par les commandants en chef des armées belligérantes, d'après les instructions de leurs gouvernements respectifs et conformément aux principes généraux énoncés dans cette Convention.

« Art. 9. — Les hautes Puissances contractantes sont convenues de communiquer la présente Convention aux Gouvernements qui n'ont pu envoyer des plénipotentiaires à la Conférence internationale de Genève, en les invitant à y accéder; le Protocole est, à cet effet, laissé ouvert.

« Art. 10. — La présente Convention sera ratifiée et les ratifications en seront échangées à

Berne, dans l'espace de quatre mois, ou plus tôt si faire se peut.

« En foi de quoi, les plénipotentiaires respectifs l'ont signée et y ont apposé le cachet de leurs armes.

« Fait à Genève le vingt-deuxième jour du mois d'août de l'an 1864. »

(*Suivent les signatures*).

Les ratifications ayant été échangées, à Berne, le 22 juin 1865, la Convention a été promulguée en France par un décret du 14 juillet suivant.

Les prescriptions en sont donc obligatoires, au moins dans nos rapports avec les Puissances qui en ont également accepté les obligations. Ce sont, par ordre alphabétique :

L'Autriche, le grand-duché de Bade, la Bavière, la Belgique, le Danemark, l'Espagne, les Etats-Unis d'Amérique, la Grande-Bretagne, la Grèce, la Hesse grand-ducale, l'Italie, le grand-duché de Mecklembourg-Schwerin, le Montenegro, les Pays-Bas, le Portugal, la Prusse, la Roumanie, la Russie, la Saxe, les Etats de Suède et Norwége, la Suisse, la Turquie, le Wurtemberg.

Toute infraction aux clauses de la Convention de Genève constitue une violation de la foi solennellement jurée. A défaut d'autre sanction, la garde du traité est confiée à l'honneur de l'armée. L'autorité militaire doit donc tenir la main à ce que les stipulations en soient bien connues et rigoureusement observées.

Il importe que les individus ayant droit à l'inviolabilité puissent librement vaquer à leurs fonctions sans courir le risque d'être maltraités ou arrêtés par des soldats ignorants. Il est également nécessaire que personne ne cherche à se faire attribuer à tort le bénéfice de la Convention et n'en arbore indûment les insignes : il y aurait perfidie, par exemple, à protéger de la croix rouge des voitures chargées de munitions ou des bureaux militaires. Enfin, ceux-là même qui ont droit à l'inviolabilité doivent s'abstenir avec le plus grand soin de toute infraction aux devoirs qui leur incombent à raison de leur situation privilégiée.

Les abus devront être immédiatement déférés à l'autorité militaire, qui prendra les mesures nécessaires pour en assurer la répression et en prévenir le retour.

La Convention de 1864 a été complétée par une série d'articles additionnels, arrêtés dans une nouvelle conférence qui a réuni à Genève, le 20 octobre 1868, les commissaires des principaux Etats Européens. Mais, pour des causes diverses, ces articles n'ont pas encore été ratifiés par les puissances signataires : ils n'ont donc pas force obligatoire. Cependant, au début de la guerre de 1870, les deux belligérants s'étaient engagés à en observer les stipulations durant la campagne ; de plus, les règles qu'ils consacrent sont si bien entrées dans les usages, et l'utilité pratique en a été si nettement éprouvée que l'application en devrait être faite à défaut d'une Convention spéciale. Il importe, par conséquent, d'en connaître le texte :

Articles additionnels à la Convention du 22 août 1864, relative aux militaires, blessés sur les champs de bataille, signés à Genève le 20 octobre 1868.

« Les gouvernements de l'Allemagne du Nord, l'Autriche, Bade, la Bavière, la Belgique, le Danemark, la France, la Grande-Bretagne, l'Italie, les Pays-Bas, la Suède et Norwége, la Suisse, la Turquie, le Wurtemberg,

« Désirant étendre aux armées de mer les avantages de la convention conclue à Genève le 22 août 1864 pour l'amélioration du sort des militaires blessés dans les armées en campagne et préciser davantage quelques-unes des stipulations de ladite Convention, ont nommé pour leurs commissaires :

(*Suit l'énumération des délégués*).

« Lesquels, dûment autorisés à cet effet, sont convenus, sous réserve d'approbation de leurs Gouvernements, des dispositions suivantes :

« ART. 1er. — Le personnel désigné dans l'article 2 de la Convention continuera, après l'occupation par l'ennemi, à donner, dans la mesure des besoins, ses soins aux malades et aux blessés de l'ambulance ou de l'hôpital qu'il dessert.

« Lorsqu'il demandera à se retirer, le commandant des troupes occupantes fixera le moment de ce départ, qu'il ne pourra toutefois différer que pour une courte durée en cas de nécessités militaires.

« Art. 2. — Des dispositions devront être prises par les Puissances belligérantes pour assurer au personnel neutralisé, tombé entre les mains de l'armée ennemie, la jouissance intégrale de son traitement.

« Art. 3. — Dans les conditions prévues par les articles 1 et 4 de la Convention, la dénomination d'*ambulance* s'applique aux hôpitaux de campagne et autres établissements temporaires qui suivent les troupes sur les champs de bataille pour y recevoir des malades et des blessés.

« Art. 4. — Conformément à l'esprit de l'art. 5 de la Convention et aux réserves mentionnées au protocole de 1864, il est expliqué que, pour la répartition des charges relatives au logement des troupes et aux contributions de guerre, il ne sera tenu compte que dans la mesure de l'équité du zèle charitable déployé par les habitants.

« Art. 5. — Par extension de l'art. 6 de la Convention, il est stipulé que, sous la réserve des officiers dont la possession importerait au sort des armes et dans les limites fixées par le 2e paragraphe de cet article, les blessés tombés entre les mains de l'ennemi, lors même qu'ils ne seraient pas reconnus incapables de servir, devront être renvoyés dans leur pays après leur guérison ou plus tôt si faire se peut, à la condition toutefois de ne pas reprendre les armes pendant la durée de la guerre.

(*Les articles suivants sont relatifs aux guerres maritimes.*)

« Art. 15. — Le présent acte sera dressé en un seul exemplaire original qui sera déposé aux archives de la Confédération suisse.

« Une copie authentique de cet acte sera délivrée à chacune des Puissances signataires de la convention du 22 août 1864, ainsi qu'à celles qui y ont successivement accédé.

« En foi de quoi les commissaires soussignés ont dressé le présent projet d'articles additionnels et y ont apposé le cachet de leurs armes.

« Fait à Genève le 20e jour du mois d'octobre 1868. »

(*Suivent les signatures des commissaires*).

Il ne suffit pas d'avoir une connaissance parfaite de la convention de Genève; il faut encore savoir l'interprétation qu'il convient, pour se conformer aux usages reçus, de donner à certaines clauses de cet acte.

Ainsi l'article 2 porte que la neutralité des ambulances et des hôpitaux cesserait, s'ils étaient gardés par une force militaire. Cependant on admet que, sans cesser d'être inviolables, ces établissements peuvent être protégés contre les pillards par un poste militaire. Mais, en cas de capture, les hommes qui composent le poste ne jouissent d'aucun privilége et sont considérés comme prisonniers de guerre.

L'inviolabilité est conférée au personnel affecté aux services de santé, parce qu'il remplit une mission humanitaire et ne se mêle pas directement aux hostilités. Les personnes qui en font partie doivent donc s'abstenir de combattre. Cependant si, par des circonstances particulières, elles sont mises dans la nécessité de défendre leur vie, elles n'encourent par ce fait aucune déchéance. Rien ne s'oppose à ce qu'elles portent habituellement des armes.

La convention de Genève (article 2) ne confère d'une manière expresse le bénéfice de l'inviolabilité qu'au personnel officiellement attaché aux services de santé des armées; elle ne fait pas mention des sociétés privées de secours aux blessés. Il est pourtant d'usage d'attribuer les mêmes priviléges au personnel de ces sociétés; mais, pour prévenir les abus, on exige généralement que leurs membres soient munis d'un signe distinctif, d'un certificat d'identité contenant le signalement et la signature du porteur, ainsi que d'une autorisation émanant de l'autorité compétente.

Des morts. — Dans l'intérêt des familles et pour la régularité de l'état civil, les belligérants se communiquent les listes des morts tombés en leur pouvoir; il ne faut donc jamais, même sur le champ de bataille, procéder à l'inhumation d'un ennemi décédé, sans conserver son livret, ou sans recueillir, à défaut, le numéro de son régiment et de sa compagnie, et tous autres indices de nature à établir son identité.

Ces indications sont communiquées le plus promptement possible à l'ennemi, à qui l'on remet en même temps les objets trouvés sur le défunt et qui étaient sa propriété personnelle.

Est-il besoin d'ajouter que le respect des morts et des blessés est de règle absolue chez les nations civilisées ? (1).

(1) Ordonnance du 3 mai 1832, art. 135.

TITRE III

DES CONVENTIONS MILITAIRES.

CHAPITRE PREMIER.

Principes généraux.

Les conventions militaires font loi pour les contractants et doivent être exécutées de bonne foi; elles obligent non-seulement à ce qui s'y trouve exprimé, mais encore à toutes les conséquences que l'équité, l'usage ou le droit des gens donne à l'obligation d'après sa nature.

Elles lient en outre, pourvu qu'elles soient régulièrement conclues, les gouvernements de qui relèvent les contractants. Il importe par conséquent de connaître les conditions essentielles qui en assurent la validité.

Une convention n'existe que par le consentement des parties contractantes.

Elle peut demeurer simplement verbale, ou bien être constatée par écrit. En tous cas, elle devient parfaite à l'instant même où s'établit le concours des volontés des contractants. — Ainsi, supposons que la guerre finisse après la signature d'une capitulation, mais avant que le vainqueur en ait exécuté les clauses, pris possession du matériel et des fonds d'Etat, etc. La cessation générale des hostilités ne l'empêchera pas, à moins de stipulations expresses arrêtées entre les belligérants, de retirer les bénéfices de la capitulation devenue antérieurement définitive.

Chacun des contractants doit peser mûrement les motifs qui le poussent à conclure une convention militaire; il n'aura qu'à s'en prendre à lui-même, s'il se détermine à la légère et se laisse abuser par les ruses de l'adversaire. L'erreur qu'il aura commise n'entraînera pas la nullité de la convention.

Une convention n'est valable que si elle est intervenue entre commandants munis de pouvoirs suffisants. Au moment où ils entrent en négociations, les contractants sont naturellement juges de leur capacité respective, Mais il existe des éléments d'appréciation de nature à les guider dans ce jugement. En principe, les commandants supérieurs des corps en présence tiennent de leur position même le pouvoir de faire tout ce qu'ils jugent utile à la conduite des opérations militaires et de disposer du sort immédiat des troupes et des populations placées sous leurs ordres. Leur droit va jusqu'aux dernières limites de l'action et de la résistance, mais s'arrête là. Ils ne sont pas fondés à comprendre leurs ressortissants dans une combinaison politique, à traiter d'une cession définitive de territoire ou d'une modification dans le régime constitutionnel du pays, à souscrire la reddition d'une place non soumise à leur commandement, à promettre la cessation des hostilités suivies sur une autre partie du théâtre de la guerre,.. etc. Le règlement de tels intérêts est en dehors de leurs attributions, et les arrangements qu'ils auraient négociés sur de pareils sujets ne lieraient pas leur Gouvernement. Toute clause dont l'objet dépasse les pouvoirs des signataires ne peut valoir, dans une convention militaire, que par la ratification postérieure du Pouvoir souverain.

Les pourparlers qui précèdent les conventions militaires s'engagent ordinairement au moyen de parlementaires. Exposons les règles du droit international relatives aux parlementaires; nous nous occuperons ensuite de l'application des principes généraux, qui viennent d'être indiqués, aux armistices, aux capitulations et aux cartels d'échange de prisonniers.

CHAPITRE II.

Des parlementaires (1).

Par le nom de parlementaire on désigne toute personne, militaire ou non, qui est déléguée par l'un des belligérants pour entrer en pourparlers avec l'autre, et se présente sous la sauvegarde du drapeau blanc. Cette personne peut être accompagnée d'un trompette (ou tambour) et d'un porte-drapeau.

Le parlementaire et ses assistants sont inviolables. On ne doit ni tirer sur eux, ni user de violences à leur égard, ni les faire prisonniers. Méconnaître ces prohibitions, c'est enfreindre gravement, les lois de la guerre. Mais, pour qu'il y ait culpabilité, il faut que le fait incriminé ait été commis avec intention : si donc un parlementaire, dans le combat et même en dehors de toute action, vient à être blessé ou tué par une balle égarée,

---

(1) En règle, un commandant ne doit avoir avec l'ennemi que le moins de communications possible, et n'en tolérer aucune de la part de ses hommes. La fréquence de semblables communications est presque toujours un indice de faiblesse dans le commandement; la confiance et le moral des troupes ne peuvent qu'en être ébranlés (Décret du 24 déc. 1811, art. 112. — Décret du 13 oct. 1863, art. 256. — Code de justice militaire, art. 205, 2°).

par un soldat ignorant ou inintelligent, ou par suite d'un autre accident, il n'y a pas faute qui engage la responsabilité du belligérant. L'essentiel est de bien établir que l'acte incriminé est dû à une cause accidentelle. Dans le cas où l'adversaire aurait des raisons d'en douter, la partie en cause ne devrait rien négliger pour établir sa bonne foi. La lumière peut résulter d'enquêtes suivies avec sincérité et d'explications échangées dans un esprit commun de loyale entente.

Les combattants qui reçoivent un parlementaire sont naturellement autorisés à prendre des précautions pour n'avoir pas à souffrir des observations qu'il pourrait faire au passage. Les règlements sur le service des armées en campagne contiennent sur ce sujet des prescriptions détaillées ; ils permettent même de retenir provisoirement le parlementaire qui aurait recueilli des renseignements importants ou surpris l'armée dans l'exécution de quelque mouvement (1).

Le parlementaire perd ses droits à l'inviolabilité, s'il abuse de sa situation privilégiée pour provoquer ou commettre un acte de perfidie. Le cas échéant, il s'expose à être traité comme espion ou traître ; mais les mesures de rigueur prises contre lui et les motifs qui en auront déterminé l'application devront toujours être portés sans retard à la connaissance de l'ennemi.

---

(1) Ordonnance du 3 mai 1832, art. 94, 97, § 5.

Si les circonstances l'exigent impérieusement, on peut refuser de recevoir un parlementaire. Toutefois, quand l'adversaire n'en a pas été préalablement avisé, le parlementaire conserve son droit à l'inviolabilité. On se borne à lui faire connaître, aux avant-postes, qu'il ne peut être reçu, et on le somme d'avoir à se retirer en lui laissant le temps de rejoindre ses lignes en sécurité.

Les usages modernes de la guerre autorisent un chef de corps à déclarer qu'il ne recevra pas de parlementaires pendant un temps déterminé; mais une pareille résolution ne doit pas être prise sans de très-graves motifs. Le parlementaire qui se présenterait, dans le délai fixé, malgré la notification reçue, s'exposerait à être considéré et traité comme combattant ennemi; ses chefs ne seraient pas fondés à voir dans les rigueurs dont il aurait été l'objet un motif de légitimes représailles.

CHAPITRE III.

De la suspension d'armes et de l'armistice

La *suspension d'armes* est une convention essentiellement militaire, qui intervient pour une très-courte durée entre les chefs de corps ou de détachements opposés, et dont les effets ne s'appliquent qu'à des points déterminés du théâtre de la lutte. On convient d'une suspension d'armes d'un certain nombre d'heures, soit pour enterrer les morts après un combat, soit pour échanger des prisonniers ou permettre des conférences entre les chefs des armées.

L'*armistice* (ou trêve) est une convention plus générale, d'un caractère à la fois politique et militaire, par laquelle les belligérants conviennent de suspendre les hostilités entre corps opposés. Il est ordinairement conclu entre les commandants des forces en présence, avec l'autorisation des Gouvernements respectifs.

Les règles qui suivent sont communes à la suspension d'armes et à l'armistice. Pour plus de simplicité, on parlera seulement de ce dernier arrangement.

L'armistice lie les contractants aussitôt qu'il est conclu, c'est-à-dire qu'à partir de ce moment, aucun d'eux ne peut revenir sur son consente-

ment, ni se dégager des obligations souscrite
mais il n'oblige les combattants que lorsqu'il e
connu d'eux. Aussi les contractants doivent-il
sans aucun retard, en porter les clauses à la co
naissance des troupes, afin d'en assurer l'obse
vation au temps fixé.

Pendant la durée de l'armistice, les comba
tants doivent cesser le feu, ne plus gagner d
terrain, s'interdire toute attaque et toute recon
naissance au delà des lignes, s'abstenir de to
acte de violence contre l'ennemi.

Si l'armistice est violé par l'un des belligérant
l'autre est autorisé à dénoncer la convention et
reprendre les hostilités. Mais, entre la dénoncia
tion et la reprise des hostilités, il doit laisser u
délai suffisant pour que l'adversaire puisse pré
venir ses troupes; la longueur de ce délai dépen
des circonstances, et la détermination en est n
cessairement laissée à l'appréciation de celui q
dénonce l'armistice. Cependant, s'il s'agissa
d'une attaque tentée par l'une des parties au m
pris de la parole donnée, l'autre serait certain
ment fondée à repousser l'agression, puis
prendre l'offensive sans formalité préalable. Mai
s'il n'y a pas urgence, la reprise des hostilité
doit être précédée d'un avertissement et d'u
délai : il serait perfide de dénoncer l'armistic
pour un motif ou sous un prétexte plus ou moin
spécieux, et de surprendre l'ennemi sans lu
donner le temps de se mettre sur ses gardes.

Si l'armistice vient à être violé par des individus isolés, agissant de leur propre mouvement, le belligérant lésé ne saurait trouver dans les infractions commises un motif suffisant pour dénoncer la convention.

Il est fondé seulement à réclamer la punition des coupables, et, s'il y a lieu, la réparation des dommages causés. Ce n'est que dans le cas où il éprouverait un refus non justifié, qu'il pourrait être autorisé à faire remonter à son adversaire lui-même la responsabilité des actes incriminés.

Sous le bénéfice des prescriptions générales qui viennent d'être énoncées, la détermination des autres effets de l'armistice est abandonnée à la discrétion des parties contractantes. Elles ont donc le plus grand intérêt à régler avec soin les questions relatives au commencement et à la durée de l'armistice, aux corps engagés, à la zone provisoirement neutralisée, aux rapports des populations dans cette zone... etc. Dans tous les cas, ces questions devront être appréciées et résolues de bonne foi.

En ce qui concerne la durée, on se borne souvent à déclarer que l'armistice prendra fin un certain nombre de jours ou d'heures après la dénonciation qui en sera faite par l'un ou l'autre des contractants : une pareille condition devra être religieusement observée.

Si les contractants ont négligé de s'entendre au sujet des rapports des populations entre elles pendant la suspension des hostilités, chacun d'eux conserve le droit absolu de régler la question d'après ses convenances, sur le territoire soumis à ses armes. L'armistice n'est pas une paix temporaire, et laisse subsister l'état de guerre : par suite, les allées et venues des habitants sur les positions respectives ou dans la zone neutralisée peuvent offrir des inconvénients et faciliter l'espionnage. Aussi les relations entre les deux territoires seront-elles presque toujours défendues, comme au plus fort des hostilités.

Les belligérants doivent aussi convenir strictement des actes qu'ils auront à s'interdire dans leurs positions mêmes, pendant l'armistice. A défaut de stipulations contraires, chacun d'eux conserve la faculté de faire des mouvements de troupes en deçà des lignes, de lever des recrues, de construire des retranchements, de réparer les brèches, d'établir de nouvelles batteries, en un mot, de mettre à profit le temps et les moyens dont il dispose pour se préparer à la reprise des hostilités. — D'après certains auteurs, au contraire, les belligérants devraient rigoureusement s'abstenir de tout acte que l'adversaire aurait intérêt à empêcher et qu'il empêcherait probablement, sans l'immobilité que lui impose l'armistice ; mais cette théorie a le défaut capital de n'être pas pratique, de prêter aux abus et aux réclamations : aussi n'a-t-elle pas prévalu dans le cours des dernières guerres.

CHAPITRE IV.

Des capitulations (1).

Une capitulation est une convention militaire qui met fin, avec ou sans condition, à la résistance d'un corps de troupes enfermé dans une place ou cerné en rase campagne.

La bonne foi doit présider à la négociation et à l'exécution d'un pareil arrangement. — Ainsi, lors de la reddition d'une place, il est expressé-

(1) On doit rappeler ici les règles de conduite que la loi française a tracées en matière de capitulations et dont le droit des gens ne saurait affaiblir l'autorité.

« *Tout général, tout commandant d'une troupe armée qui capitule en rase campagne est puni : 1° de la peine de mort, avec dégradation militaire, si la capitulation a eu pour résultat de faire poser les armes à sa troupe, ou si, avant de traiter verbalement ou par écrit, il n'a pas fait tout ce que lui prescrivaient le devoir et l'honneur ; 2° de la destitution dans tous les autres cas* » (Art. 210 du Code de justice militaire).

D'autre part, « *les lois militaires condamnent à la peine capitale tout commandant qui livre sa place sans avoir forcé l'assiégeant à passer par les travaux lents et successifs des siéges, et avant d'avoir repoussé au moins un assaut au corps de la place sur des brèches praticables. . . . Tout commandant qui a perdu une place est tenu de justifier sa conduite devant un conseil d'enquête.* » (Art. 218 de l'Ordonnance du 3 mai 1832). — Voir : art. 111 du décret du 24 déc. 1811; art. 4 et 5 du décret du 1er mai 1812; art. 255 et 256 du décret du 13 oct. 1863).

ment ou implicitement entendu que les armes et les ouvrages de défense seront remis au vainqueur dans l'état où ils se trouvent au moment où l'accord intervient ; la loyauté oblige celui qui capitule à ne pas abuser de l'intervalle compris entre la signature et l'exécution de la capitulation pour modifier l'état des choses, détruire ou endommager les fortifications, briser les armes et noyer les poudres.

La capitulation est écrite ou verbale. Quelquefois même, elle n'est précédée d'aucune négociation. Telle a été, par exemple, l'honorable capitulation de Phalsbourg, du 12 décembre 1870 : après quatre mois de résistance, n'ayant plus de vivres, le commandant de la place, sur l'avis conforme du conseil de défense, détruisit son artillerie, ses munitions, ses fusils, tout ce que l'ennemi aurait pu utiliser ou présenter comme trophée, puis, l'œuvre de destruction complètement achevée, il fit ouvrir les portes de la place et prévint les assiégeants qu'il se rendait à discrétion (1).

En cas de capitulation sans condition, le droit des gens modernes n'autorise plus le vainqueur à passer la garnison au fil de l'épée : les défenseurs de la place doivent toujours être traités comme prisonniers de guerre.

La capitulation existe d'une manière définitive,

(1) Par une délibération du 12 avril 1872, le Conseil d'enquête a exprimé l'avis que le commandant Taillant et son conseil de défense avaient mérité des éloges.

dès que l'accord des contractants est régulièrement établi. Cependant l'arrangement peut être dénoncé par l'une des parties, si l'autre se refuse formellement à en exécuter certaines clauses.

La convention n'est pas annulable, parce que l'un des contractants aura été entraîné à la signer par des motifs peu justifiés. Peut-être celui qui capitule a-t-il été amené à se rendre par les ruses de l'adversaire, par sa propre incapacité, par la faiblesse de son caractère! Peut-être aurait-il pu prolonger sa résistance avec avantage! Il répondra de sa conduite devant les juges de son pays; mais la convention qu'il aura conclue n'en sera point altérée.

Les capitulations lient non-seulement ceux qui les ont signées, mais aussi les gouvernements de qui relèvent les signataires. Encore faut-il que ceux-ci n'aient point souscrit des obligations qu'ils n'avaient pas la capacité de contracter! En l'absence d'une délégation expresse, le commandant d'une place assiégée n'a que les pouvoirs nécessaires à l'exercice de son commandement; il peut légitimement faire tout ce qui est utile à la poursuite des opérations qu'il dirige, et disposer du sort immédiat des troupes, des populations et des localités placées sous ses ordres. Mais il n'a pas qualité pour traiter de l'attribution définitive de la place qu'il commande, d'une cession de territoire, de la cessation des hostilités sur une partie du territoire située en dehors de son autorité.

4.

Les clauses portant sur de pareils sujets ne seraient d'aucun effet, sans la ratification postérieure du pouvoir souverain. — La guerre franco-allemande en a fourni un exemple. La capitulation de Verdun, du 8 novembre 1870, stipulait la remise à l'Allemagne de la place et du matériel, « sous la condition expresse de faire retour à la « France après la conclusion de la paix ». Cette condition dépassait évidemment les pouvoirs des contractants, et ne créait pour les Gouvernements respectifs aucune obligation. Aussi le Conseil d'enquête, appelé, lors de la paix, à en juger la valeur, a-t-il déclaré avec raison « qu'il n'appartient pas « à un commandant de place de prévoir les con« séquences d'une guerre et les conditions d'un « traité de paix, qui peuvent annuler les clauses « stipulées dans une capitulation ».

Il n'entre plus dans les mœurs des nations civilisées de se venger par des humiliations de la résistance de l'ennemi. Le vainqueur doit donc s'abstenir d'imposer dans une capitulation des conditions déshonorantes pour le vaincu. Il est d'un intérêt commun de ne pas créer une cause d'excitation et de haine qui contribuerait à rendre la lutte plus passionnée et la paix plus difficile.

Voici, d'ailleurs, les principales questions qu'il y a intérêt à régler expressément, lors de la capitulation d'une place, pour prévenir toute difficulté :

1° *Sort de la garnison.* — La garnison tout entière est ordinairement déclarée prisonnière de guerre. La liberté sur parole peut être offerte aux officiers et aux employés ayant rang d'officiers. Mais le décret du 13 octobre 1863 (art. 256) prescrit aux officiers français de ne pas séparer leur sort de celui de leurs soldats, et le conseil d'enquête, institué après la guerre franco-allemande, a blâmé certains commandants d'avoir stipulé, au profit de leurs officiers, une exception qui tend à affaiblir le sentiment du devoir et de la résistance à l'ennemi.

2° *Désarmement de la place et de ses défenseurs.* — Par exception, les officiers, qui sont mis en liberté sur parole, peuvent être autorisés à garder leur épée.

3° *Remise des armes et du matériel.* — Les armes, drapeaux, approvisionnements, archives, fortifications, etc., doivent être livrés dans l'état où ils se trouvent au moment de la signature de la convention.

4° *Propriété privée.* — Tous les prisonniers conservent la propriété des effets, objets et valeurs qui leur appartiennent; toutefois, la possession peut leur en être provisoirement retirée, par mesure de sécurité.

5° *Évacuation et prise de possession de la place.* — Les dispositions relatives à la sortie des défenseurs et à l'entrée des assiégeants sont arrêtées d'avance avec précision, d'après les circonstances et l'état des lieux.

6° *Médecins et blessés.* — Le sort des médecins et des blessés est réglé conformément aux prescriptions de la convention de Genève.

CHAPITRE V

Des cartels d'échange de prisonniers.

Pendant la guerre, il intervient parfois entre les belligérants des accords pour l'échange des prisonniers respectifs : ces arrangements sont appelés cartels d'échange de prisonniers.

Ils doivent être négociés et exécutés de bonne foi.

A défaut d'une autorisation expresse ou de motifs exceptionnellement graves, les chefs de corps doivent laisser au commandant en chef le soin de décider s'il y a lieu de consentir ou de provoquer des conventions de cette nature.

Quant aux conditions qu'il convient d'y insérer, les lois internationales n'en imposent aucune expressément : les contractants les déterminent à leur gré, d'après les circonstances et d'après leurs convenances communes.

L'échange des prisonniers est, d'ailleurs, facultatif : aucun des belligérants n'est tenu d'accueillir les ouvertures que son adversaire peut lui faire à ce sujet. Il en est autrement, bien entendu, si l'on s'est d'avance engagé, par un cartel général, à échanger, sous des conditions déterminées, tous les prisonniers qui seront faits pendant la campagne.

La violation d'un cartel par l'un des belligérants autorise l'autre à en suspendre et même à en refuser l'exécution, s'il n'obtient pas des explications ou des réparations satisfaisantes.

A moins de stipulations contraires, les échanges de prisonniers s'opèrent homme pour homme, grade pour grade, blessé pour blessé, par rang d'ancienneté de captivité, sans qu'il soit tenu compte de l'arme. Souvent on convient que les prisonniers échangés ne serviront pas, soit pendant un temps déterminé, soit pendant toute la durée de la guerre.

Une exacte réciprocité est généralement observée dans les cartels d'échange.

On peut cependant, à défaut de prisonniers respectifs de même grade, convenir d'échanger des prisonniers de rang supérieur contre un nombre plus élevé de prisonniers de grade inférieur; mais, dans ce cas, le cartel doit toujours être soumis à l'approbation du commandant en chef.

Les prisonniers de guerre, qui n'ont pas été compris dans un cartel d'échange, à raison du nombre de ceux que l'ennemi se trouvait alors en mesure de restituer, peuvent être renvoyés par anticipation, sous leur parole d'honneur de ne pas servir avant qu'un arrangement spécial soit intervenu à leur égard; ils sont ensuite compris les premiers dans le plus prochain cartel.

Chacun des belligérants reste chargé de l'entretien de ses prisonniers jusqu'au moment où l'échange s'effectue.

TITRE IV

DES PRISONNIERS ET DES INTERNÉS.

CHAPITRE PREMIER

Des prisonniers de guerre.

Les prisonniers de guerre doivent être traités avec humanité et avec les égards que leur conduite comporte (1).

Le combattant n'a sur les ennemis capturés que les pouvoirs nécessaires pour s'assurer de leur personne et les mettre à la disposition de l'autorité supérieure : c'est au Gouvernement seul qu'il appartient de disposer définitivement de leur sort.

En cas d'insubordination, les prisonniers s'exposent à toutes les rigueurs propres à forcer leur soumission.

Tout ce qui leur appartient personnellement

---

(1) Ordonnance de 1832, art. 133.

reste leur propriété, à l'exception des armes, qui peuvent être définitivement confisquées. Quant aux autres objets, l'usage leur en sera parfois retiré pendant la captivité, par mesure d'ordre; mais la restitution leur en sera faite quand ils seront mis en liberté.

Les prisonniers de guerre sont ordinairement soumis à l'internement, c'est-à-dire qu'ils sont maintenus dans une résidence forcée, obligés de répondre à des appels quotidiens, soumis à une surveillance particulière. Ils peuvent même être enfermés, si les éventualités de la guerre ou d'autres circonstances en imposent la nécessité; mais cette rigueur doit prendre fin aussitôt que le motif en cessé. A défaut même de motif de ce genre, ils courent encore le risque d'être enfermés, par leur fait, s'ils manquent aux appels ou commettent d'autres infractions contre la discipline.

Ils peuvent être contraints à travailler. — Toutefois l'ouvrage auquel on les emploie ne doit point avoir un rapport direct avec les opérations sur le théâtre de la guerre. Ainsi l'on s'abstiendra de les occuper à des travaux de terrassements ou de fortifications entrepris en vue de la guerre actuelle.

Pour la répartition des travaux entre les prisonniers militaires, il est tenu compte du grade, et l'officier n'est pas assujetti aux mêmes corvées que le soldat. Entre militaires de même grade, l'égalité de traitement est maintenue autant que possible; rien n'empêche cependant de prendre en considération les aptitudes particulières que certains d'entre eux tiennent de leur profession antérieure, et de leur faire une condition spéciale.

Quant aux prisonniers civils, leurs occupations seront déterminées d'après la position sociale qu'ils occupaient avant la captivité.

On autorise souvent les prisonniers qui le désirent à prendre part, sous certaines conditions, aux travaux de l'industrie privée : c'est une faveur qui leur permet de résider temporairement hors du dépôt et d'avoir plus de liberté ; de plus, ils gagnent alors un salaire dont le taux est préalablement fixé d'accord entre les chefs d'ateliers et l'autorité militaire.

Les fonds qu'ils se procurent de la sorte, servent à améliorer leur position, ou leur sont remis en bloc à leur libération. En France, aucune retenue n'est faite au profit de l'État sur le montant du salaire gagné par le prisonnier (art. 46, 53 et 54 du Règlement du 6 mai 1859) ; dans d'autres pays, on en défalque les frais de son entretien : ce mode de procéder n'est pas interdit par le droit des gens.

Les prisonniers de guerre ne doivent être astreints d'aucune manière à prendre une part quelconque à la poursuite des opérations de la guerre. Non-seulement on ne doit pas les obliger à porter les armes contre leur patrie; mais on commettrait un odieux abus de force en leur extorquant, par des menaces ou par de mauvais traitements, des renseignements contraires aux intérêts de leur pays.

Le gouvernement au pouvoir duquel ils se trouvent est tenu de pourvoir à leur entretien. Quant aux frais de cet entretien, les lois internationales ne lui en imposent pas l'attribution définitive : la question fait ordinairement l'objet d'une entente qui intervient entre les belligérants, soit pendant la durée des hostilités, soit lors des négociations de paix. Quoi qu'il advienne, les prisonniers doivent toujours être entretenus convenablement, et, s'il est possible, sur le même pied que les troupes nationales. Le Règlement français de 1859, dont les prescriptions sont reconnues conformes au droit des gens, leur assure un régime sain, sans leur accorder pourtant tous les avantages réservés aux soldats en campagne.

Les prisonniers de guerre sont soumis, de fait, aux lois et règlements édictés par le belligérant qui les détient : c'est une conséquence naturelle et nécessaire de leur situation. En France, ils sont justiciables des conseils de guerre pour les crimes et les délits (art. 56, Code de justice militaire) ; quant aux fautes contre la discipline, elles sont punissables d'une détention qui ne peut excéder un mois qu'en vertu d'une décision ministérielle (1).

La préoccupation de tous les prisonniers de guerre est de recouvrer la liberté et de fuir : c'est, de leur part, un désir bien justifié, et dont la réalisation n'a rien de criminel en soi ; mais, à un autre point de vue, leur évasion constitue un acte de résistance et d'hostilité que le capteur doit nécessairement prévenir ou réprimer. Pour le règlement des questions soulevées par le conflit de ces intérêts contraires, il faut distinguer trois hypothèses :

1° Si le prisonnier est surpris pendant sa fuite, l'emploi de la force est permis contre lui. Cependant le recours aux armes doit toujours être précédé d'une sommation, et l'on ne doit pas tirer sur le fugitif sans lui avoir préalablement crié de s'arrêter et de se rendre ;

2° Si le prisonnier évadé est repris avant d'avoir pu rejoindre l'armée de son gouvernement ou quitter le territoire soumis au capteur, il ne peut être puni que disciplinairement, et soumis, à l'avenir, à une surveillance plus rigoureuse ;

3° Quant à celui qui a réussi à s'échapper, à rejoindre l'armée nationale, à passer sur le territoire non-occupé ou en pays neutre, il n'est passible d'aucune peine, s'il vient à être repris plus

---

(1) Art. 24 et 25 du Règlement de 1859.

tard. Toutefois, il est permis de prendre à son égard les mesures spéciales de surveillance que ses antécédents font juger utiles.

Tout prisonnier de guerre est tenu, s'il est interrogé à ce sujet, de donner des indications exactes sur son identité et sur son grade : l'honneur militaire exige cette sincérité, à défaut de laquelle l'organisation des dépôts et la négociation des cartels d'échange ne pourraient se faire régulièrement. Toute fausse déclaration est punissable d'une restriction des avantages accordés aux prisonniers de la catégorie dans laquelle le délinquant aurait dû être placé ; elle peut même être frappée de peines disciplinaires.

Les lois internationales reconnaissent au belligérant le droit d'accorder au prisonnier de guerre la faculté d'obtenir la liberté sur parole. Le contrat, qui intervient alors, est un contrat de droit strict, c'est-à-dire que le prisonnier n'est tenu que de remplir rigoureusement les obligations souscrites. Il appartient au belligérant de bien préciser ses conditions, et de bien déterminer les actes que les prisonniers devront s'interdire après leur mise en liberté ; car ces derniers s'en tiendront aux termes précis de leurs engagements. Le plus souvent, le belligérant se borne à exiger d'eux la promesse qu'ils ne serviront plus contre lui durant la campagne : cette promesse s'entend du service actif contre le belligérant et ses alliés dans la même guerre, mais non du service intérieur ; les prisonniers libérés sous pareille condition peuvent donc être employés dans leur pays à instruire les recrues dans les dépôts, à travailler aux fortifications des places non-assiégées, à maintenir l'ordre public, à combattre d'autres ennemis, à remplir des fonctions civiles ou des missions diplomatiques.

Tous les prisonniers, sans distinction de grades, peuvent être mis en liberté sur parole. Le fait que les lois de leur pays leur interdisent d'accepter un pareil bénéfice, n'altère point, au regard du belligérant, le contrat qu'ils passent au mépris de ces lois, et n'a d'autre effet que de les exposer aux peines édictées chez eux contre l'infraction commise. Aucun d'eux ne peut, d'ailleurs, être contraint d'accepter sa liberté sur parole, de même qu'un belligérant n'est jamais obligé d'obtempérer au désir du prisonnier qui la demande : pour la validité de ce contrat, comme pour tout autre, il faut le libre consentement des parties contractantes.

Le contrat passé par le prisonnier pour sa mise en liberté sur parole oblige son propre gouvernement. S'il a enfreint, en le signant, les prescriptions de la loi nationale, il est passible des peines édictées contre cette infraction ; mais le contrat n'en reste pas moins valable, et son gouvernement ne doit exiger ni accepter de lui aucun service contraire à la parole donnée.

Le captif, libéré sur parole, et repris portant

les armes contre le gouvernement envers lequel il s'était engagé d'honneur, peut être privé des droits de belligérant et traduit devant les tribunaux militaires. L'article 204 du Code français de justice militaire punit de mort « tout prisonnier de guerre qui, ayant faussé sa parole, est repris les armes à la main ».

CHAPITRE II.

Des internés en pays neutre.

Il arrive parfois que, pour échapper à l'ennemi, des combattants isolés ou même des corps de troupes encore organisés passent sur le territoire d'une puissance neutre.

Tenu d'arrêter sa poursuite à la frontière, l'ennemi aurait de justes motifs de plainte, si les fuyards pouvaient, après s'être reformés sur le territoire neutre, reparaître sur le théâtre de la lutte, ou retourner, par une autre voie, se mettre à la disposition de leur gouvernement. Aussi le neutre a-t-il le devoir et le droit de les retenir jusqu'à la fin de la guerre. Dès leur arrivée, ils sont soumis à l'internement, c'est-à-dire qu'ils sont désarmés, astreints à une résidence fixe, et entourés d'une surveillance destinée à empêcher leur fuite. Généralement ils sont éloignés de la frontière, et réunis, par groupes, dans un camp, un fort, une place ou tout autre dépôt, qu'on approprie à cette destination.

Le neutre a les pouvoirs nécessaires pour assurer la garde et la soumission des internés, qui répondent, devant la juridiction compétente, de leurs infractions contre les lois locales et contre les règlements édictés à leur intention.

Par mesure de faveur, les officiers peuvent être laissés libres, sur leur parole de ne pas quitter le pays sans autorisation. Les contrats passés à cet effet font loi pour les contractants, et doivent être respectés par les belligérants eux-mêmes; toutefois les officiers qui se sont ainsi engagés sur l'honneur, peuvent être blâmés et punis dans leur pays, si les règlements nationaux leur défendaient d'accepter la liberté sur parole et de se séparer volontairement de leurs hommes.

Lorsqu'un belligérant est forcé de se réfugier sur territoire neutre, les combattants ennemis qu'il avait capturés et qu'il amenait avec lui, cessent à l'instant d'être ses prisonniers; mais ils peuvent être soumis à l'internement et retenus par le neutre jusqu'à la fin de la guerre.

A défaut d'arrangements conventionnels spéciaux, l'humanité oblige l'Etat neutre à pourvoir à l'entretien des internés; il pourra, d'ailleurs, réclamer ultérieurement le remboursement des dépenses dont il aura fait l'avance.

Le passage de convois de blessés par le territoire neutre pourrait, dans certains cas, être préjudiciable à l'un des belligérants, et constituer comme un secours indirect accordé à l'adversaire. Aussi les États neutres s'abstiennent-ils d'autoriser le transit de ces convois, avant de s'être assurés de l'assentiment des belligérants. Quant aux blessés qui viennent, isolément ou par petits groupes, demander passage pour regagner leur pays, il est rare que cette autorisation leur soit refusée ; mais ils n'y ont pas un droit absolu, et peuvent être soumis à l'internement. L'Etat neutre reste juge des facilités que les devoirs de la neutralité lui permettent d'accorder.

Les clauses de la convention de Genève sont, en général, applicables aux blessés et aux malades internés en pays neutre ; mais le gouvernement de ce pays conserve la faculté d'en suspendre ou d'en restreindre les effets, si les règles de la neutralité l'y obligent.

SECONDE PARTIE

DE L'OCCUPATION.

TITRE PREMIER

POUVOIRS DE L'OCCUPANT.

CHAPITRE PREMIER.

Établissement de l'occupation.

L'occupation soumet la contrée envahie à l'autorité militaire de l'envahisseur. La population est excusable d'y obéir, comme à toute force majeure, et toute résistance de sa part est réprimée comme une infraction. Il importe, par conséquent, de préciser le moment où cette situation particulière se trouve établie.

Un territoire est considéré comme occupé : 1° si le gouvernement légal est, par le fait de l'envahisseur, mis dans l'impossibilité d'y exercer publiquement son autorité; 2° et si l'envahisseur se trouve en mesure d'y substituer l'exercice de sa propre autorité.

L'occupation commence aussitôt que ces deux conditions de fait se trouvent remplies; elle ne cesse que le jour où ces deux conditions à la fois viennent à faire défaut.

Ainsi, la rébellion momentanément triomphante

d'une place envahie ne suffit pas pour en interrompre l'occupation, si l'autorité du gouvernement légal ne s'y est pas rétablie effectivement.

Une localité peut se trouver placée sous le régime de l'occupation, bien que l'envahisseur n'y ait fait encore aucun acte d'autorité. Tel sera, par exemple, le cas d'un village enveloppé par les forces ennemies et dans lequel ne se rencontre aucun élément de résistance. Toutefois, pour prévenir toute incertitude, et dans l'intérêt même des populations, l'envahisseur fait bien de proclamer l'établissement de l'occupation sur tous les points où il prétend en étendre les effets. Ce sera l'objet de proclamations affichées dans les communes, d'avis adressés aux municipalités et d'insertions dans la presse locale. Dans ces publications seront indiquées sommairement les obligations résultant du nouvel état de choses, avec les sanctions qui y sont attachées.

CHAPITRE II.

Droits de l'occupant en matière pénale.

Préserver son armée et ses agents de toute attaque; interrompre les rapports établis entre la population de la contrée envahie et le gouvernement légal : telles sont les premières préoccupations de l'occupant. Il prend donc, dès le début, les mesures nécessaires pour amener ce double résultat. Ce n'est pas seulement une nécessité de salut à laquelle il doit pourvoir; c'est un droit qu'il exerce. En assurant aux habitants paisibles le respect de leur personne et de leurs biens, le maintien de l'ordre et de la vie sociale, il est fondé, en retour, à exiger qu'ils s'abstiennent de tout acte hostile. Dans cet arrangement tacite réside le lien juridique que l'occupation fait naître entre la population et l'occupant, et qui crée pour tous deux des droits et des devoirs.

Les actes hostiles commis par les habitants du territoire occupé sont considérés comme actes de trahison et punis comme tels (Voir 1re partie, titre II, chapitre II).

En principe, la trahison est réprimée avec une extrême rigueur, alors même que l'occupant n'a point édicté à ce sujet de prohibitions expresses. Cependant, pour éviter toute surprise en une matière où la moindre faute peut entraîner le dernier supplice, il est d'usage d'aviser la population des actes qui sont plus particulièrement interdits, et des pénalités afférentes aux infractions commises. C'est ordinairement l'objet d'un paragraphe inséré dans la proclamation que le commandant en chef publie à son entrée sur le territoire ennemi : il y promet que les habitants inoffensifs seront respectés dans leur personne et dans leurs propriétés, s'ils ne commettent aucune hostilité; il y énumère ensuite les principaux actes dont ils ont à s'abstenir et les peines édictées par ses lois militaires contre les infractions correspondantes.

Pour la France, c'est le Code de justice militaire qui fournirait les éléments de pareilles proclamations. La plupart des actes à prévoir tombent sous l'application de l'art. 63 combiné avec les art. 198, 204 à 266. La jurisprudence a, d'ailleurs, étendu la compétence des conseils de guerre à toutes les infractions commises par les habitants d'un territoire occupé contre la sécurité de l'armée.

D'après la loi française, les délinquants sont donc justiciables des conseils de guerre et ne peuvent être frappés sans jugement. De plus, ils sont admis à bénéficier de l'article 463 du Code pénal ordinaire, c'est-à-dire que leur peine peut être abaissée, s'il existe en leur faveur des circonstances atténuantes.

Cependant les pouvoirs de l'occupant ne sont pas strictement limités par les prescriptions de sa loi nationale. Pour les cas non prévus, il tient de la situation même le droit d'édicter, sous sa responsabilité, les prohibitions et les pénalités que les circonstances rendent nécessaires.

Il convient toutefois de retenir que les principes de notre droit pénal répugnent à l'emploi des châtiments corporels : l'emprisonnement et les peines pécuniaires ou amendes sont seulement admissibles. — Si des amendes sont imposées à une contrée tout entière ou à une agglomération d'habitants, le montant en doit être fixé et le prélèvement opéré conformément aux règles des contributions (2e partie, titre IV, chapitre III).

TITRE II

DEVOIRS DE L'OCCUPANT.

CHAPITRE PREMIER.

Maintien de l'ordre et de la vie sociale.

D'après une doctrine qui ne manque pas d'adhérents, l'autorité du gouvernement légal est suspendue par l'effet de l'occupation et passe entre les mains de l'occupant : d'où il résulte pour ce dernier l'obligation de veiller au maintien de la vie sociale. — Il faut prendre garde de confondre l'occupation temporaire avec la prise de possession définitive. Consacrée par la cessation de toute résistance, par un traité de paix, par la reconnaissance des Puissances étrangères ou par le temps, la prise de possession définitive est seule apte à subroger le vainqueur aux droits du vaincu, à créer un nouvel état de choses légitime. Quant à l'occupation temporaire, c'est simplement un état de fait, qui produit les conséquences d'un cas de force majeure : l'occupant n'est pas substitué en droit au gouvernement légal ; il a, en fait, les moyens matériels de faire prévaloir son autorité ;

mais il ne saurait oublier que les habitants lui obéissent comme contraints et forcés, et doivent toujours fidélité au gouvernement légal. Cette considération l'engagera à modérer ses exigences et à n'apporter aux institutions établies que les changements absolument indispensables.

Par suite de l'occupation, le gouvernement légal n'est plus en mesure de pourvoir à l'entretien des divers organes dont l'action combinée constitue la vie sociale; l'occupant a seul le pouvoir d'en assurer le jeu régulier : aussi doit-il prendre toutes les mesures qui dépendent de lui, en vue de rétablir autant que possible l'ordre et la vie publique sur le territoire envahi. C'est un devoir d'humanité que lui imposent les lois de la guerre, et c'est le prix de la neutralité qu'il exige lui-même de la population. Il a, d'ailleurs, intérêt à ce que le désordre ne vienne point augmenter les difficultés de son œuvre.

Les mesures qu'il prendra varieront avec les circonstances. Quelquefois l'abstention suffira; la vie publique se rétablira d'elle-même, quand la population sera convaincue que, loin d'y mettre obstacle, l'occupant y est favorable, et veille à la sécurité des relations sociales. Le plus souvent, l'occupant devra seconder directement les efforts des habitants : il se mettra en rapport avec les autorités locales, et stimulera leur zèle pour activer le rétablissement des administrations publiques; il facilitera la reprise des transactions commerciales, l'approvisionnement des marchés, le service des postes, des chemins de fer et des télégraphes, l'entretien des voies et des moyens de communication, la célébration des cultes, la réouverture des écoles, en un mot, le fonctionnement régulier de tous les rouages de la machine sociale. — Rien ne l'empêche, du reste, d'y apporter telles modifications qui seraient nécessaires au succès de ses opérations. De plus, il est fondé à punir ceux qui tenteraient, à la faveur des facilités accordées, de commettre des actes d'hostilité.

Le meilleur moyen d'assurer la vie publique, c'est de laisser en vigueur les lois établies. Aucune difficulté ne se présente d'ordinaire pour les lois civiles et pénales, l'occupant ayant lui-même intérêt à en imposer l'observation. Il n'en est pas de même des lois politiques, administratives et financières édictées en vue d'un régime qui est suspendu de fait : ces lois contiennent souvent des prescriptions contraires aux intérêts de l'occupant ; le cas échéant, celui-ci est nécessairement amené soit à en interdire l'observation, soit à en modifier l'économie, soit même à y substituer d'autres règles. Ainsi son premier soin sera de suspendre l'effet des lois de conscription, et d'empêcher, par la menace de peines sévères, les hommes valides de quitter le territoire occupé pour aller grossir les rangs de l'armée nationale. De même encore, il n'hésitera pas à suspendre l'application des lois de finances, afin d'empêcher l'administration légale de percevoir les impôts, et d'en toucher lui-même le montant. Le droit des gens l'autorise à modifier, à suspendre et à remplacer les lois établies; mais son intérêt même et ses devoirs envers la population paisible lui commandent de n'user de cette faculté qu'avec une extrême réserve et seulement en cas de nécessité.

CHAPITRE II.

Fonctionnaires et magistrats.

L'occupation temporaire, on le sait déjà, n'a pas pour effet de subroger l'occupant aux droits du gouvernement légal : les fonctionnaires et les magistrats de la contrée envahie continuent par conséquent à devoir obéissance et fidélité à leur gouvernement. Ils ont à se conformer à ses ordres sur le point de savoir s'ils doivent ou non continuer leurs fonctions pendant l'occupation. À défaut d'instructions spéciales, ils n'ont qu'à se laisser guider par les inspirations de leur conscience. Leur conduite sera souvent déterminée par l'intérêt de la contrée, qui souffrirait du brusque arrêt de toute administration.

Les fonctionnaires municipaux considéreront presque toujours comme une obligation patriotique de rester en place. Cependant ils n'oublieront pas qu'au-dessus des intérêts de la localité se place le salut du pays, et ils se garderont de tout ce qui pourrait favoriser l'invasion. Ce danger est si grave que le gouvernement légal cherchera peut-être à le prévenir en leur retirant tout pouvoir par mesure générale ou individuelle (1). Dans

---

(1) Tel était l'objet de l'art. [illegible] du Règlement prussien du 12 avril 1813 pour le landsturm : « Si une ville ou une

tous les cas, ils éviteront de se faire spontanément les intermédiaires de l'envahisseur. Ils seront parfois excusables d'intervenir, dans l'intérêt de leur commune, pour alléger par une équitable répartition des charges qui ne peuvent plus être évitées; mais ils failliraient à leur devoir s'ils devenaient sans nécessité les pourvoyeurs de l'ennemi, s'ils se constituaient ses mandataires auprès des municipalités voisines.

L'occupant ne négligera rien, d'ordinaire, pour s'assurer le concours des fonctionnaires locaux, ne fût-ce que pour faciliter le maintien de l'ordre et de la vie sociale.

Il pourrait certainement suspendre leur action : le droit international l'y autorise. Mais il s'en gardera dans son propre intérêt. Au début de l'invasion, il affirmera l'intention de n'apporter aucun obstacle au service régulier des administrations publiques. Toutefois il s'abstiendra d'inviter personnellement les fonctionnaires à continuer leurs fonctions, et ne réclamera d'eux ni consentement formel ni serment : un scrupule respectable pourrait, en effet, paralyser leur bonne volonté, s'ils devaient se considérer comme agissant en vertu d'une délégation de l'ennemi. Dans la suite, il

---

contrée est occupée avec tant de célérité que les habitants n'aient pas le temps de se retirer, les autorités seront considérées comme supprimées et personne ne sera tenu de leur obéir. »

pourra, si l'opportunité en apparaît, intervenir directement pour faciliter leur tâche, assurer l'exécution des actes administratifs et prendre à sa charge le paiement des appointements.

A défaut de tout engagement exprès, il s'établit entre l'occupant et les fonctionnaires restés en place un rapport de droit qui leur impose des obligations respectives. L'occupant laisse aux fonctionnaires une part d'influence et d'autorité, et leur accorde sa protection en cas de besoin. En conservant cette situation privilégiée, ceux-ci s'engagent implicitement à ne pas en abuser contre lui, à remplir avec loyauté le service qui leur est confié. Tout acte d'hostilité commis ou tenté à l'aide des facilités qu'ils tiennent de leurs fonctions serait considéré et puni comme acte de trahison.

En principe, rien ne les oblige à continuer leurs fonctions s'ils en jugent l'exercice incompatible avec les devoirs du patriotisme, et ils demeurent toujours libres de donner leur démission. Cependant, des circonstances exceptionnelles peuvent amener l'occupant à leur imposer des services déterminés. Une pareille exigence rentre dans la catégorie des réquisitions d'offices personnels que les usages de la guerre tolèrent sous certaines conditions (Voir 2e partie, titre III, chapitre II). Les belligérants n'y doivent recourir qu'en cas d'absolue nécessité.

Les règles qui viennent d'être indiquées concernent presque exclusivement les fonctionnaires civils. Les agents politiques ont coutume de se retirer devant l'invasion; s'ils restent, ils ne peuvent avoir la prétention de jouir de la situation faite aux employés civils. Par la nature même de leurs fonctions, ils servent d'intermédiaires entre la population et le gouvernement légal, c'est-à-dire qu'ils ont pour mission d'entretenir des rapports essentiellement contraires aux intérêts de l'occupant. Celui-ci est donc fondé à les écarter, et, en tous cas, à réprimer les actes d'hostilité commis à la faveur des facilités qu'il leur aurait laissées.

L'administration régulière de la justice dans la contrée envahie est indispensable pour réagir contre le trouble inhérent à l'état de guerre, et pour assurer la sécurité des personnes et des propriétés. C'est une condition essentielle du maintien de l'ordre, auquel l'occupant et l'occupé sont également intéressés. Aucune entrave ne sera donc apportée, s'il est possible, à l'exercice des juridictions établies, qui ne manqueraient pas de se proroger si leur indépendance était menacée. Elles continueront à fonctionner dans les conditions antérieures, et à rendre la justice au nom du souverain légal. L'occupant n'interviendra que pour garantir la liberté de leur action et l'exécution de leurs sentences. Les magistrats devront cependant tenir compte de l'état de fait où le pays se trouve, et ne pas entrer en lutte ouverte avec l'occupant. Celui-ci ne pourrait évidemment tolérer qu'ils voulussent, comme en temps ordinaire, assurer l'application des lois dont il est obligé de suspendre l'effet. De part et d'autre, il doit y avoir un égal esprit de conciliation et un égal désir de continuer au pays les bienfaits d'une justice régulière. Les magistrats seront traités par l'occupant comme les fonctionnaires civils : ils ne seront jamais sollicités de se faire ses instruments ; ils jouiront d'une complète indépendance dans l'exercice de leur ministère, pourvu qu'ils tiennent compte du fait majeur de l'occupation et des conséquences nécessaires qui en dérivent.

Dans le cas où les juridictions établies se trouveraient suspendues, l'occupant y suppléerait par des institutions nouvelles. Ce serait pour lui un devoir d'autant plus impérieux que l'occupation se prolongerait davantage.

CHAPITRE III.

Impôts.

L'occupant ne saurait évidemment tolérer que ses adversaires continuassent à lever l'impôt sur le territoire envahi : n'ayant plus à se préoccuper de l'administration locale, ceux-ci ne manqueraient pas d'appliquer à la guerre le montant des fonds perçus. Il interdira donc aux particuliers et aux receveurs publics de faire aucune transmission de numéraire au gouvernement légal; comme sanction de cette défense, il édictera des peines contre les contrevenants, et les rendra personnellement responsables des sommes versées.

Mais ce n'est point assez : l'occupant est fondé à opérer lui-même la perception de tous les impôts, redevances, droits et péages déjà établis au profit de l'Etat. Puisqu'il a le devoir de veiller au maintien de l'ordre et de la vie publique, il a le droit corrélatif de disposer des ressources correspondant à cette charge.

Quant aux contributions provinciales ou communales, affectées à des dépenses d'intérêt local, aucune raison ne l'autorise à y porter la main ; il peut seulement en surveiller l'emploi, pour que le produit n'en soit pas détourné vers un but hostile.

Le produit des impôts qu'il perçoit devra être appliqué d'abord aux frais de l'administration du pays. Il y contribuera dans la mesure déterminée par les nécessités du moment et par les lois de finances en vigueur. Peut-être se trouvera-t-il parfois obligé de distraire momentanément au profit de son armée tout ou partie des fonds perçus; car le soin de son salut restera sa première loi; mais, aussitôt que les circonstances le lui permettront, il devra consacrer à l'administration du pays une part suffisante des revenus qu'il en tire.

En règle, la destination des impôts ne doit pas être modifiée; c'est par la voie de réquisitions régulières ou contributions qu'il convient de procéder, en cas de besoin, pour subvenir aux nécessités de la guerre.

L'occupant n'a point à créer d'impôts nouveaux. Dans les sociétés modernes, l'établissement de l'impôt est un attribut de la puissance souveraine, qui continue à résider dans les mêmes mains jusqu'à la conquête définitive. La possession temporaire du sol ne saurait par conséquent conférer à l'envahisseur le droit de lever des contributions nouvelles.

Autant que possible, l'occupant ne doit rien changer au mode de perception organisé par le gouvernement légal : son intérêt, sur ce point, est conforme à celui des populations. Mais il peut se trouver dans l'impossibilité matérielle de faire fonctionner le système établi, par suite de la retraite ou du mauvais vouloir des agents chargés d'en assurer le jeu régulier. Comment parviendrait-il, sans un personnel au courant du service, à percevoir le produit de l'enregistrement, du timbre et de tant d'autres taxes d'un mécanisme compliqué? Du moment qu'on ne lui contestait pas le droit de prélever les impôts, on a dû aussi, pour le cas où la perception lui en était impossible, lui reconnaître la faculté d'en lever l'équivalent. Ainsi, dans les plus récentes guerres, l'occupant ne s'est fait aucun scrupule de remplacer par un seul impôt direct les contributions de diverse nature dont il ne pouvait opérer le recouvrement. Cet impôt unique était réparti au prorata entre les communes occupées; rendues directement responsables, celles-ci se procuraient les fonds nécessaires, et exerçaient ensuite, comme elles le pouvaient, leur recours contre les contribuables.

TITRE III

DES PERSONNES.

CHAPITRE PREMIER

Respect des personnes.

Les temps modernes ont vu s'introduire dans le droit de la guerre un principe, dont les mœurs imposeront l'application avec une rigueur toujours croissante : c'est *le respect des personnes.*

Il ne s'agit pas ici des combattants, dont il a été question dans la première partie de ce livre, mais des habitants du territoire occupé, des femmes, des enfants, des vieillards, des artisans, des cultivateurs et de toutes les personnes qui ne prennent pas une part active aux opérations militaires, et qui ne sont pas attachées à l'armée.

La population pacifique n'est plus, comme autrefois, abandonnée à la merci de la soldatesque. On ne voit plus se renouveler, dans l'Europe occidentale, les excès qui, aux XVIIe et XVIIIe siècles encore, donnaient un caractère sauvage aux conflits internationaux. L'occupant tient à honneur d'assurer une complète sécurité aux habitants inoffensifs de l'État ennemi, et, grâce aux progrès de la civilisation et à l'adoucissement des mœurs, la discipline parvient à triompher des passions surexcitées par la lutte.

Dans ses rapports avec la population, le soldat est obligé à la même réserve que s'il tenait garnison dans son pays. Il doit s'abstenir, comme d'un crime, de tout attentat contre la vie des individus et de toute violence contre leur personne. C'est pour lui une obligation absolue de respecter l'honneur et les droits de la famille, de ne porter aucune atteinte à la pudeur des femmes, à la pureté des enfants, à la faiblesse vénérable des vieillards. Le meurtre, les menaces sous condition, les blessures, les violences, les attentats aux mœurs, les arrestations ou séquestrations arbitraires, l'enlèvement de mineurs, le rapt sont des crimes, en temps de guerre comme en temps de paix, en pays ennemi comme sur le territoire national. La punition en est poursuivie conformément au Code de justice militaire, et les officiers ont à prévenir et à réprimer tout excès de la part de leurs hommes (1).

Le respect des personnes implique le respect des convictions religieuses et des cultes. Aucun trouble ne devra être apporté par l'occupant aux

(1) Ordonnance de 1832, art. 210, § 2.

cérémonies du culte, si elles ne constituent pas un danger pour sa propre sécurité ou pour l'ordre public. Il s'abstiendra de tout acte qui pourrait être considéré comme une profanation, et il évitera, autant que possible, de modifier la destination des édifices consacrés. On ne saurait pourtant lui interdire, en cas de besoin absolu, de prendre momentanément possession d'une église ou d'un temple, soit pour y établir une ambulance, soit pour y abriter ses troupes, soit même pour y pratiquer sa religion. Mais ce sont là des questions délicates, que les autorités militaires ne soulèveront jamais sans nécessité, et pour le règlement desquelles elles devront témoigner d'un grand esprit de conciliation et de prudence.

En principe, l'occupant ne doit exiger des habitants du territoire occupé aucun acte contraire à leurs sentiments de patriotisme. Cette prohibition dérive du respect dû aux personnes : c'est aussi une conséquence de ce que l'occupation ne subroge pas l'envahisseur aux droits du souverain légal. Les habitants ayant conservé les mêmes devoirs envers leur patrie et leur souverain, il y aurait abus et barbarie à les forcer d'y faillir. Tout ce que l'envahisseur peut leur demander légitimement, en échange de la tranquillité qu'il leur laisse, c'est de garder une attitude passive, et de ne point lui créer d'embarras. Mais les usages modernes, d'accord avec les prescriptions du droit, ne lui permettent pas de les contraindre à prendre une part directe aux opérations militaires contre leur pays. Il exciterait la réprobation générale s'il levait des recrues parmi eux, s'il les obligeait à combattre, s'il les menait à la tranchée, s'il les poussait à des actes d'hostilité directe et immédiate contre leur patrie.

Parfois cependant, les nécessités de la guerre l'obligent à réclamer d'eux un concours actif, peu conciliable avec les scrupules de leur patriotisme, avec le respect dû à leurs sentiments et à leur personne; mais il ne devra requérir ces *offices personnels* qu'exceptionnellement, dans les circonstances et sous les conditions indiquées au chapitre suivant.

Une dernière conséquence du principe supérieur que nous étudions ici, c'est que la population du territoire occupé ne doit pas être astreinte à prêter serment à la Puissance ennemie. A quel titre l'envahisseur réclamerait-il un engagement de sujétion perpétuelle ou temporaire, alors que l'occupation ne lui a pas conféré la souveraineté? Quant aux habitants, ne demeurent-ils pas liés au souverain légal par les mêmes obligations qu'avant la guerre? Il y aurait abus de force et mépris de la conscience humaine à exiger d'eux une promesse que l'honneur et le patriotisme leur défendent de donner. Sur ce point encore, les usages modernes sont en harmonie avec les enseignements de la doctrine.

Durant les dernières guerres européennes, l'occupant n'a pas même exigé le serment des fonctionnaires qu'il laissait en place : la régularité de leur conduite lui était garantie par des moyens d'une moralité moins contestable et d'une efficacité plus certaine.

Les règles qui viennent d'être exposées s'appliquent à tous les habitants pacifiques du territoire envahi, sans distinction de nationalité. En principe, les sujets des Puissances neutres, établis dans le pays occupé, sont, au regard de l'occupant, soumis aux mêmes obligations que les indigènes. Cependant les traités conclus par l'envahisseur avec leur gouvernement peuvent leur assurer des immunités spéciales ; d'autre part, il est souvent politique de leur accorder un traitement plus favorable : il y a donc là une question qui ne comporte pas de solution rigoureuse, et que les autorités militaires s'appliqueront à régler pour le mieux d'après les circonstances. En tous cas, les sujets des pays neutres sont astreints, par leur situation même, à une réserve absolue, et ils doivent s'abstenir avec le plus grand soin de prendre parti dans le conflit qui s'agite autour d'eux.

CHAPITRE II.

Réquisitions de services personnels.

Durant le cours des opérations militaires, l'envahisseur peut avoir besoin de renseignements pour ses marches, de moyens de transport pour son matériel ou ses subsistances, de bras pour des travaux urgents. Les lois de la guerre l'autorisent à requérir des guides, des convoyeurs et des ouvriers parmi les habitants du territoire occupé. (Ordonnance de 1832, Art. 117, 129, 190, 209).

Cette faculté, on ne saurait le nier, est peu conciliable avec le respect dû aux personnes : aussi doit-on la considérer comme une exception au principe général, exception à laquelle il ne faut pas recourir sans absolue nécessité. Il est évident, en effet, que la personne obligée de guider ou de faciliter les expéditions de l'ennemi se trouve cruellement atteinte dans son patriotisme.

Du reste, les usages modernes ne donnent pas à l'envahisseur le droit de requérir toutes espèces de services personnels. Ils ne permettent aucune dérogation à la règle énoncée au chapitre précédent, d'après laquelle les habitants du territoire envahi ne doivent pas être contraints à des actes d'hostilité *directe et immédiate* contre leur patrie.

La distinction entre les réquisitions permises

et les réquisitions défendues est parfois délicate, et les meilleurs esprits sont souvent divisés sur la question de savoir si tel ou tel office peut être légitimement requis. Dans les cas même où la distinction s'établit le plus facilement, il faut convenir qu'elle repose sur des motifs plus spécieux que solides. Ainsi il est licite de requérir des guides dans la population du territoire occupé, le service exigé d'eux ne constituant pas un fait d'hostilité directe et immédiate : et pourtant, celui qui guide l'armée d'invasion commet-il un acte moins préjudiciable à sa patrie que s'il combattait dans les rangs ennemis? L'occupant, qui se procure des convoyeurs par la force, tient-il beaucoup plus de compte des sentiments des individus requis, que s'il les incorporait dans ses bataillons? — Quoi qu'il en soit, l'usage a consacré la distinction qui vient d'être établie, et nul belligérant ne renoncerait actuellement à s'en prévaloir.

Une autre condition s'impose aux réquisitions de services personnels : il ne faut pas que les officiers réclamés engagent les individus requis dans les hostilités et les exposent aux mêmes dangers que les combattants. Ainsi l'envahisseur peut requérir des charretiers et des ouvriers du pays pour le service des transports, pour la réparation d'une route ou d'un pont; il peut même les employer à des travaux de terrassement et de fortification dans les localités où la lutte ne se poursuit pas alors. Mais il soulèverait un blâme universel, s'il conduisait les terrassiers aux tranchées et les convoyeurs sur le champ de bataille, les exposant de la sorte au feu de leurs compatriotes.

Resterait à déterminer les autorités qui ont qualité pour imposer des réquisitions de services personnels, et la forme dans laquelle ces réquisitions doivent être exercées. Ce sont là des questions qui font ordinairement l'objet de règlements spéciaux à chaque Etat. L'armée française appliquerait sans doute en pays ennemi les règles qui lui sont tracées pour les réquisitions sur le territoire national. A défaut de règlement particulier, les lois de la guerre reconnaissent à tous les chefs de corps ou de détachements, sous les conditions énumérées plus haut, le droit de requérir en pays occupé des services personnels.

Le prix des services réclamés sera réglé d'un commun accord avec les individus requis, ou du moins une indemnité équitable leur sera offerte.

Dans tous les cas, s'ils le désirent, il leur sera délivré un certificat ou reçu constatant la nature des services requis : la production de cette pièce peut leur être utile pour dégager plus tard leur responsabilité, et pour établir qu'ils ont agi sous l'empire de la contrainte.

TITRE IV

DES BIENS.

CHAPITRE PREMIER

Biens publics.

Sous ce titre *biens publics*, on comprend les biens immobiliers et mobiliers, appartenant soit à l'Etat, soit aux corps administratifs constitués en personnes civiles (départements, districts, communes, etc.), soit aux établissements publics consacrés à l'instruction, à la charité et aux cultes. On y joint encore les monuments historiques, les œuvres d'art ou de science, qui n'appartiennent pas à des particuliers.

Ces biens sont protégés, comme la propriété privée, par une prescription toute moderne, qui constitue une des plus importantes conquêtes du droit des gens : l'interdiction du pillage et du butin. Sur le territoire occupé comme sur le territoire national, les troupes d'invasion sont tenues de respecter les propriétés publiques et privées. Toute dévastation ou dégradation volontaire, non justifiée par les fins de la guerre, est une infraction, que l'autorité militaire et le pouvoir judiciaire sont chargés de prévenir et de réprimer (ordonnance de 1832, art. 171). La guerre n'autorise que le mal nécessaire pour amener la soumission de l'ennemi.

Sous cette garantie commune, les biens publics sont soumis, durant l'occupation, à des régimes différents suivant leur nature. Parlons d'abord les propriétés de l'État ; nous nous occuperons ensuite des autres biens publics.

§ I.

BIENS DE L'ÉTAT.

Il faut distinguer les biens immobiliers des biens mobiliers.

1° *Biens immobiliers.*

L'occupation ne transfère pas à l'envahisseur la propriété des biens immobiliers de l'Etat ennemi, et ne lui donne pas le droit d'en disposer définitivement ; elle lui confère seulement le pouvoir d'en jouir, et lui impose l'obligation corrélative d'en sauvegarder le fonds et d'en assurer l'entretien.

Parfois on définit la situation de l'occupant, en disant qu'il doit être considéré comme administrateur et usufruitier des immeubles de l'état ennemi situés sur le territoire occupé. C'est aller trop loin. Si l'occupant était réellement administrateur et usufruitier, il aurait le droit absolu de passer, même avec les habitants de la contrée envahie, des contrats, des baux pour l'exploitation des immeubles dont il s'agit ; la validité des arrangements qu'il aurait ainsi conclus devrait, par suite, être reconnue par le gouvernement légal, quand celui-ci reprendrait le plein exercice de sa souveraineté. Ces conséquences démontrent suffisamment que le principe d'où elles procèdent n'est pas fondé ; car jamais un gouvernement ne s'y est volontairement soumis. L'occupation est un état de fait, susceptible de produire des effets immédiats et des modifications définitives dans les rapports des choses, mais non des liens de droit qui puissent survivre à l'occupation même et obliger le gouvernement légal. Ce dernier est bien forcé, lorsqu'il recouvre l'exercice de son autorité, de se plier aux conséquences nécessaires de la force majeure qui s'est exercée sur le territoire occupé ; mais il ne saurait être tenu de respecter les conventions souscrites, dont les effets ne se sont pas encore produits ou sont réparables. De plus, il est fondé à demander compte de leurs actes à ceux de ses nationaux qui, au mépris de leurs devoirs et du patriotisme, auraient facilité l'occupation, en traitant volontairement avec l'envahisseur pour l'exploitation des immeubles de l'État.

L'occupant peut se servir des bâtiments de l'État ennemi pour y installer ses troupes et les services de son administration. Rien ne s'oppose même à ce qu'il les mette en location ; mais les contrats passés à cet effet n'engageront pas le gouvernement légal, qui n'aura pas à en tenir compte lorsque l'occupation aura pris fin.

Quant aux exploitations agricoles, l'envahisseur en percevra les fruits naturels et industriels, ainsi que le prix des baux à ferme.

Il profitera également du produit des forêts, en se conformant autant que possible aux lois et aux règles de l'administration forestière du pays. Pour les bois taillis, il observera l'ordre et la quotité des coupes, suivant l'aménagement normal. Il devra également se conformer aux époques et aux usages établis pour les parties de bois de haute futaie qui auront été mises en coupes réglées, soit que ces coupes se fassent périodiquement sur une certaine étendue de terrain, soit qu'elles ne portent que sur une certaine quantité d'arbres pris indistinctement sur toute l'exploitation. — L'observation stricte de ces règles lui sera parfois difficile, par suite de la retraite ou du refus de concours des agents forestiers : il s'efforcera d'y suppléer. Dans tous les cas, il s'abstiendra rigoureusement de faire procéder à des coupes dévastatrices, et il évitera de compromettre les revenus futurs par une exploitation abusive. Il prendra, en outre, les mesures de surveillance nécessaires pour assurer la répression des délits forestiers, qui seraient commis à la faveur du désordre produit par l'invasion. Enfin, il ne perdra pas de vue que le gouvernement du pays ne reconnaîtra plus tard ni valeur légale ni force obligatoire aux contrats passés durant l'occupation et non encore exécutés.

En dehors des biens de rapport dont il vient d'être question, l'Etat possède d'autres immeubles consacrés aux cultes, à la charité, à l'instruction, aux arts et aux sciences ; ceux-là sont placés sous un régime spécial, dont les conditions seront indiquées dans la deuxième partie de ce chapitre.

2° *Biens mobiliers.*

Tous les biens mobiliers de l'Etat, de nature à servir aux opérations de la guerre, peuvent être saisis par l'occupant, qui est fondé à se les approprier sans être tenu à aucune indemnité.

L'occupant peut donc s'emparer de tous les capitaux du gouvernement, c'est-à-dire des sommes disponibles et des valeurs ou créances exigibles, appartenant en propre et exclusivement à l'Etat, tels que le numéraire, les lingots d'or et d'argent, les fonds quelconques, etc. Les capitaux appartenant à des particuliers ou à des associations, et déposés dans les caisses publiques ou administrés par l'Etat, doivent rester intacts et demeurer à l'abri de toute atteinte : tel est souvent le cas des caisses d'épargne ou de retraite.

Les armes ou dépôts d'armes appartenant à l'Etat peuvent être saisis et définitivement conservés par l'occupant. Il en est de même des munitions et dépôts de munitions.

Le matériel des chemins de fer, les télégraphes terrestres, les bateaux à vapeur et autres embarcations, et, en général, tous les moyens de transport, qui appartiennent à l'Etat, sont saisis par l'occupant, comme étant de nature à servir aux opérations de la guerre. L'attribution définitive en sera réglée lors de la paix. Toutefois l'envahisseur est tenu d'apporter dans l'exercice de son droit tous les tempéraments compatibles avec les nécessités militaires et conseillés par l'intérêt des populations. Ainsi, dans le cas où des bateaux serviraient d'unique moyen de communication entre une localité et le reste du pays, il devrait avoir égard aux conditions de la vie publique dans cette localité.

§ II.

AUTRES BIENS PUBLICS.

Outre les propriétés de l'Etat, il existe plusieurs catégories de biens affectés à un usage public : le droit actuel de la guerre a consacré pour eux un régime de faveur.

Ce sont d'abord les biens des communes et des autres corps administratifs ayant qualité de personnes civiles : ils doivent être traités par l'occupant comme la propriété privée, conformément aux règles exposées au chapitre suivant.

Ce sont ensuite tous les biens tenant à l'instruction et aux arts, à la religion, à la charité et à l'histoire. Dans cette catégorie rentrent les établissements hospitaliers de tous genres, les écoles, les établissements consacrés aux cultes, les musées, les bibliothèques, les archives publiques, les collections historiques, artistiques ou scientifiques, et les objets, monuments et travaux d'art ou de science, qui sont en dehors des musées. Tous ces biens doivent être respectés par l'occupant autant et plus même que la propriété privée ; non-seulement les lois de la guerre ne permettent plus que l'occupant se les approprie, mais elles les placent sous sa protection particulière, et lui imposent l'obligation de les préserver de toute atteinte. Toute saisie de biens mobiliers appartenant aux établissements ci-dessus énumérés, toute destruction ou dégradation intentionnelle des monuments historiques, des œuvres d'art ou de science, doit être poursuivie par les juridictions compétentes.

Il ne faut pourtant pas exagérer la portée de ces prescriptions toutes modernes, au point d'y sacrifier les exigences militaires. Ainsi les établissements affectés aux cultes ou à l'instruction pourront, en cas de besoin, servir d'ambulances, d'observatoires, de dépôts, etc. Ce sont là des questions de mesure et de convenance, dont le règlement dépend des circonstances et n'est point inconciliable avec le respect dû au patrimoine de la science et de la religion.

CHAPITRE II.

Biens privés.

Au respect des personnes s'ajoute le *respect de la propriété privée* : ce sont deux principes corrélatifs que le XIXe siècle a vus prévaloir et dont l'observation implique un adoucissement marqué des maux de la guerre.

Entendue dans un sens absolu, l'obligation de respecter la propriété privée serait incompatible avec la guerre : il n'est pas une opération militaire, un mouvement de troupes, un engagement qui n'entraîne des dommages pour les biens d'un certain nombre de personnes. Mais l'envahisseur doit s'efforcer d'en atténuer l'importance et s'abstenir de toute dévastation qui n'est pas nécessaire. De plus, si l'occupation est de quelque durée, il lui appartient de faire constater d'une manière authentique le préjudice souffert, afin de ménager aux particuliers atteints dans leurs biens les moyens de participer plus tard aux réparations qui pourront être accordées.

Sur le territoire ennemi, comme sur le sol national, le soldat ne doit commettre aucun acte de destruction inutile. La maraude n'est plus tolérée. Le vol et tous les actes délictueux commis contre la propriété sont criminels et punissables comme en temps de paix.

Peu importe que la propriété privée soit ou non protégée par la présence du maître ! Une maison n'est pas délaissée parce que les habitants ont fui devant l'ennemi, et les objets qu'elle renferme ne sont point abandonnés à la merci des occupants. Le soldat qui découvre et s'approprie des valeurs cachées par des habitants du territoire envahi commet un vol ; son devoir est de les remettre à l'autorité militaire, qui en assurera la restitution aux propriétaires.

Le pillage est aujourd'hui condamné par les mœurs et par les lois de la guerre. On ne verra plus, — il faut l'espérer, — de général enflammer l'ardeur de ses troupes en faisant briller à leurs yeux les richesses du pays ennemi, ni châtier la résistance patriotique d'une place en la mettant à sac. Le respect de la propriété privée l'a définitivement emporté sur ces pratiques barbares, et le vainqueur ne s'enrichit plus du butin fait sur des habitants paisibles.

Une dernière et importante conséquence du principe qui domine la matière est que la propriété privée demeure insaisissable. Non-seulement les biens des particuliers sont protégés contre la cupidité et contre les violences des soldats, mais ils ne sont point exposés à des mesures de confiscation édictées par l'occupant au nom du pouvoir de fait qu'il exerce. La guerre terrestre se distingue par là de la guerre maritime dont les lois autorisent, en certains cas, la saisie de la propriété privée.

Par exception, les biens mobiliers appartenant aux particuliers peuvent être saisis par l'envahisseur, s'ils sont de nature à servir directement aux opérations de la guerre; mais la restitution devra en être faite à la paix. — Cette exception se justifie d'elle-même, et il est inutile d'en indiquer ici les motifs. — L'occupant est autorisé, par suite, à prendre possession du matériel des chemins de fer, des télégraphes et des moyens de transports terrestres ou fluviaux, qui appartiennent à des particuliers ou à des compagnies privées. Il prive ainsi l'ennemi de ressources précieuses qu'il applique à son usage. Mais, à la fin de la guerre, il devra restituer le matériel saisi aux légitimes propriétaires. L'équité et son intérêt même lui imposent l'obligation d'en assurer l'entretien et la conservation pendant qu'il s'en sert.

Les mêmes règles devraient être appliquées aux armes; mais les usages actuels de la guerre confèrent aux belligérants sur ce genre d'objets des droits particulièrement rigoureux. Les armes ou dépôts d'armes et les munitions appartenant aux particuliers peuvent être saisis par l'occupant, qui est autorisé à s'en servir et même à se les approprier. Aucune distinction n'est faite à cet égard entre les armes de guerre et les armes de luxe. Toutefois, l'envahisseur agirait plus équitablement s'il en exigeait le dépôt contre reçus, et s'il prenait les mesures d'ordre nécessaires pour en effectuer la restitution lors de la paix, dans l'état où elles se trouveraient alors.

Le respect de la propriété privée n'exclut pas le droit pour l'occupant d'assurer le respect de ses prescriptions par des amendes, et l'entretien de ses troupes par des réquisitions. En déterminant ses droits en matière pénale (2e partie, titre I, chapitre II), on a indiqué dans quels cas et sous quelles réserves il peut imposer des amendes. Il reste à parler des réquisitions : ce sera l'objet du chapitre suivant.

CHAPITRE III.

Réquisitions

Par le mot *réquisitions* on désigne soit les actes de contrainte par lesquels l'occupant obtient des populations ce qui lui est nécessaire, soit même les choses ainsi obtenues.

Les contributions en nature (fournitures de vivres, d'effets, de logements, de moyens de transport, etc.), les services personnels imposés aux habitants, et les contributions pécuniaires sont des espèces de réquisitions.

On a déjà parlé des réquisitions de services en traitant du respect des personnes (2e partie, titre III, chapitre II). Il reste à exposer les règles relatives aux contributions en nature et en argent.

De même que les réquisitions de services sont contraires au respect dû aux personnes, de même les contributions impliquent toujours une atteinte au respect de la propriété privée. Aussi n'y doit-on recourir qu'en cas de nécessité, et lorsque les besoins de l'armée l'exigent impérieusement. Alors même, l'occupant est tenu par les lois de la guerre et de l'humanité de ne pas excéder une juste mesure. Il commettrait un excès condamnable s'il exigeait des prestations hors de proportion avec les ressources disponibles du pays. D'autre part, il doit se borner, même dans les plus riches contrées, aux prestations nécessaires pour assurer à ses hommes le régime et les fournitures dont ils ont réellement besoin, et ne jamais y voir une source de superflu.

Ces deux règles sont recommandées à la conscience de l'occupant. Le droit des gens en a, de plus, assuré l'observation en limitant le nombre des autorités compétentes pour lever des prestations, et en imposant à ces autorités le devoir de laisser une trace de leurs réclamations.

Le commandant, c'est-à-dire l'autorité militaire la plus élevée du corps d'armée ou du détachement au profit duquel les réquisitions doivent être imposées, a seul qualité pour requérir (1). Les officiers inférieurs, chargés d'en assurer l'exécution, ne peuvent procéder que par délégation et sous la responsabilité du commandant. Par sa situation, on le conçoit, celui-ci se trouve à même d'apprécier plus justement les réels besoins de ses

(1) Aux termes de l'art. 45 de l'Ordonnance du 3 mai 1832 sur le service des armées en campagne, *les généraux commandant en chef* et les *commandants de corps d'armée* ont seuls qualité pour imposer en pays occupé des contributions en argent ou en nature. Aucun autre général ne peut user de cette ressource sans une *autorisation écrite* du commandant en chef (Voir aussi les art. 43 et 155 de la même ordonnance).

troupes et les ressources de la contrée ; il est aussi plus capable de mesure et de modération que les autorités subalternes, dont le point de vue est moins élevé et la responsabilité moins lourde.

L'application de la règle qui vient d'être exposée n'est pas seulement commandée par le droit des gens ; elle a une sanction dans les lois pénales. L'officier, le sous-officier ou le soldat, qui, sans délégation, abuse de la force pour exercer des réquisitions, s'expose aux peines sévères que le Code de justice militaire édicte contre le pillage à main armée, les destructions et dévastations d'édifices. Les officiers ont le devoir de prévenir et de réprimer avec rigueur tout abus de ce genre.

Autant que possible, les prestations requises doivent être payées par l'occupant au moment même où elles sont levées. Cependant les circonstances ne lui laissent pas toujours la faculté de procéder aussi régulièrement, et les lois internationales, se pliant aux nécessités de la guerre, ne lui en imposent pas l'obligation absolue. Mais, à défaut de paiement, elles lui font un devoir strict de délivrer un reçu pour chaque prestation.

Ce reçu ne constitue pas la reconnaissance d'une dette à la charge de l'occupant, et n'implique nullement de sa part l'intention d'indemniser le porteur : la réparation des dommages causés par les réquisitions est une question dont le règlement est renvoyé après la guerre, et laissé soit aux négociateurs de la paix, soit à la législature du pays occupé. Mais le reçu délivré aux personnes réquisitionnées est pour elle un titre qui constate la nature des prestations fournies, et les aide à participer plus tard aux mesures de réparation prises en faveur des victimes de la guerre. A cet effet, le reçu doit contenir les mentions et présenter les caractères qui permettent à la fois d'en vérifier l'authenticité et de rétablir la valeur des choses requises. Les officiers qui les délivrent doivent en écrire lisiblement le texte, y consigner explicitement les éléments essentiels qui déterminent la valeur marchande de la prestation, en marquer la date, joindre à leur signature l'indication de leur grade et du corps auquel ils appartiennent, et noter, s'il y a lieu, qu'ils agissent par délégation d'une autorité supérieure. L'obligation de délivrer des reçus présente un autre avantage pour les populations : l'occupant, tenu de laisser une marque écrite de ses exigences, commet moins d'abus et garde plus de modération.

Les contributions en argent sont encore autorisées par le droit des gens. Autrefois, on y voyait comme une sorte de prime versée par les contribuables pour garantir leurs biens contre les risques de la confiscation. Aujourd'hui que le pillage et le butin sont interdits, c'est à un autre ordre d'idées qu'il faut s'adresser pour justifier les contributions. La guerre pouvant être considérée comme une sorte de procès d'où ressort le droit du vainqueur, il est naturel que le vaincu en supporte les frais : on est arrivé, par suite, à regarder les contributions comme un prélèvement anticipé que l'occupant exerce sur le montant de ces frais. Cette explication est loin d'être satisfaisante; car l'occupation n'est pas le signe infaillible de la victoire, et l'envahisseur exerce prématurément un droit qui ne lui appartiendra peut-être jamais. C'est pourtant, en dehors des nécessités de la guerre, la seule raison que la doctrine ait donnée à l'appui du droit de contribution. — Les usages modernes en restreignent, d'ailleurs, l'exercice dans des limites étroites, qu'il importe de préciser.

En premier lieu, les contributions en argent ne doivent pas être imposées sans nécessité absolue, et lorsque les besoins des troupes ne l'exigent pas impérieusement (1).

Le droit des gens ne permet pas, notamment, qu'on en fasse un moyen de pression sur les habitants du territoire envahi, pour les amener à désirer la paix et déterminer ainsi l'adversaire à se soumettre plus vite : ce serait un procédé

(1) Art. 15 de l'Ordonnance du 3 mai 1832 sur le service des armées en campagne.

injuste et barbare, qu'aucune considération ne saurait excuser.

Des contributions en argent ne peuvent être perçues légitimement que pour les besoins des troupes, ou pour les besoins du pays envahi. Dans le premier cas, c'est un équivalent des prestations que l'occupant est fondé à lever : au lieu des vivres ou des objets qui lui font défaut, il réclame le versement d'une somme en bloc, qui lui permet de se procurer directement les fournitures nécessaires. Dans le second cas, c'est un équivalent des impôts, que l'occupant est autorisé à percevoir, et dont le montant doit être appliqué au maintien de l'ordre et de la vie sociale dans la mesure où le gouvernement légal y était tenu : à cet égard il faut s'en référer aux indications déjà données sur la matière (2e partie, tit. II, ch. III).

Les règles de modération imposées à l'occupant pour les contributions en nature s'appliquent également aux contributions en argent. Le montant en sera fixé d'après les besoins des troupes et les ressources du pays occupé.

Les contributions en nature, comme on l'a vu tout à l'heure, peuvent être exercées sur l'ordre du commandant supérieur dans la localité occupée, quel que soit son grade. Des contributions en argent ne doivent être levées que sur l'ordre du général commandant en chef ou de l'autorité civile supérieure établie par l'occupant sur la province. C'est une garantie nouvelle que le droit moderne assure au pays envahi. Les contributions en argent pèsent sur les habitants d'un poids plus lourd que les contributions en nature, et sont plus rarement destinées à des besoins urgents; la tentation d'en exagérer le chiffre, d'en affirmer la nécessité, ou d'en appliquer le produit à d'autres destinations, est aussi plus forte : on a jugé qu'il était prudent de réserver à l'autorité la plus élevée le soin et le pouvoir d'en apprécier l'opportunité et d'en modérer l'exercice dans de justes limites.

Pour le recouvrement des contributions, il convient de se conformer, autant que possible, aux règles de la répartition et de l'assiette des impôts en vigueur dans le pays.

Si ce mode de procéder est impraticable, par suite du départ ou du refus de concours des fonctionnaires préposés à l'administration des finances, le plus simple est de s'adresser directement aux autorités locales, et de leur laisser la tâche de se procurer les fonds exigés : mieux que l'occupant, elles sont en mesure de découvrir et de mettre en œuvre les combinaisons les plus favorables aux intérêts des contribuables (1).

Dans tous les cas, l'occupant ne doit jamais se refuser à donner des reçus aux personnes avec lesquelles il entre en rapports directs pour le pré-

(1) Ordonnance de 1832, art. 146.

lèvement des contributions. On a vu plus haut les garanties qui en résultent pour les populations, et les conditions de forme que les reçus doivent remplir.

TABLE ALPHABÉTIQUE.

Paris. — Imprimerie J. Dumaine, rue Christine, 2.

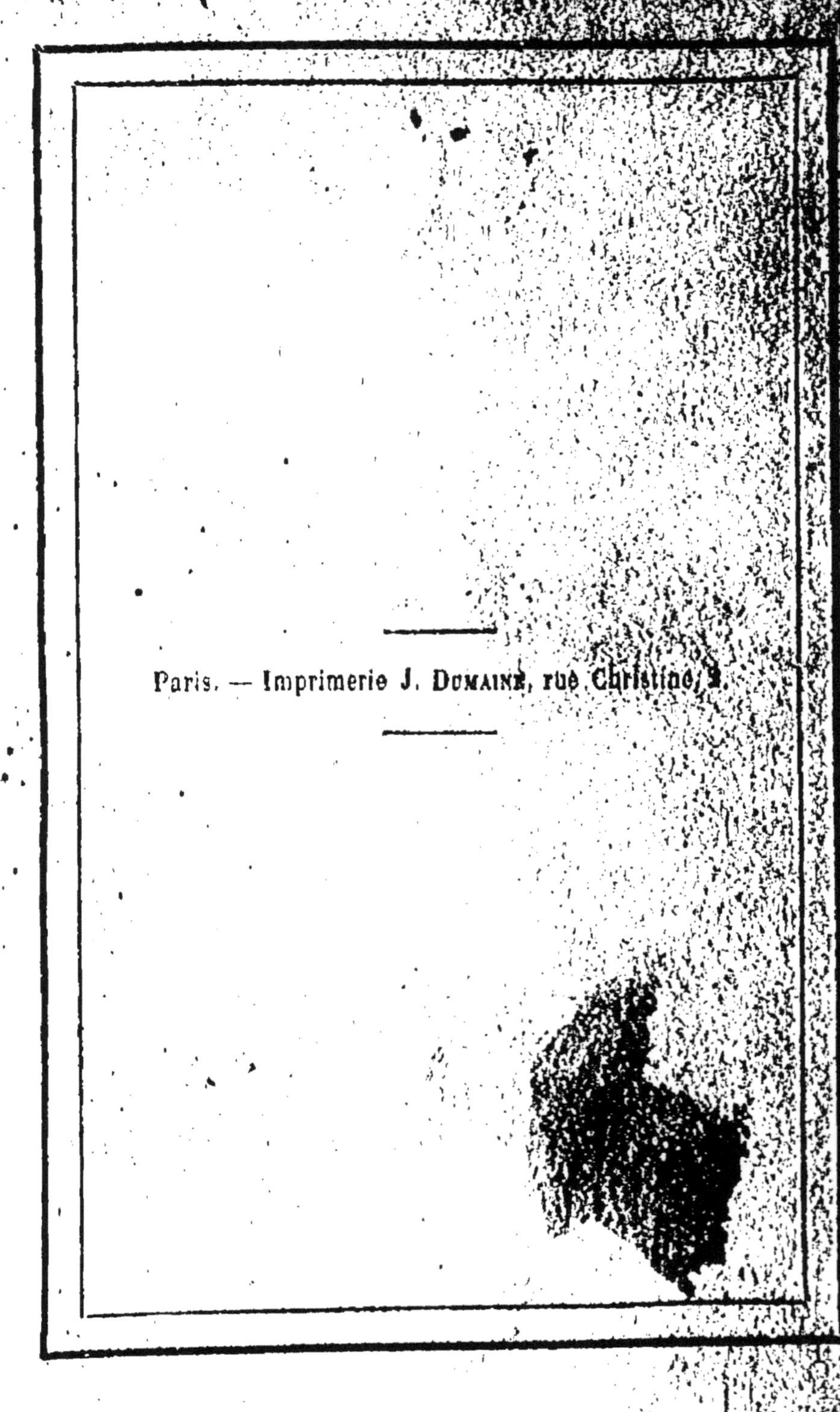

Paris. — Imprimerie J. Domaine, rue Christine, 2.

www.ingramcontent.com/pod-product-compliance
Ingram Content Group UK Ltd.
Pitfield, Milton Keynes, MK11 3LW, UK
UKHW021041230726
13926UKWH00004B/1600

9 782016 131572